# 前國民黨特務的控訴

《蔣經國竊國內幕》、
《我為什麼脫離台灣國民黨》

孫家麒——著

*本書主書名「前國民黨特務的控訴」係今次出版時編輯新增，孫家麒原書名僅為《蔣經國竊國內幕》、《我為什麼脫離台灣國民黨》，特此說明。

# 孫家麒著作導讀

政治大學歷史學系兼任教授　劉維開

本書收錄孫家麒所撰《蔣經國竊國內幕》及《我為什麼脫離台灣國民黨》兩本著作，兩書係於一九六一年由香港自力出版主出版，距今已超過一甲子，但是書中所披露關於中央政府遷台初期黨政軍特若干事實，至今仍為研究者所引用，足見其所具備的史料價值。

《蔣經國竊國內幕》剖析所謂蔣氏父子「竊國篡黨」之行為，《我為什麼脫離台灣國民黨》則是以自傳方式敘述其在國民黨內遭受排斥與迫害之情形，兩書有其脈胳相通處，但是因為訴求重點不同，《蔣經國竊國內幕》所提供的內容，似乎更受外界關注，曾於一九七五年以「我所認識的蔣經國」（香港，大生活出版社）、一九八八年以「蔣經國建立台灣特務系統秘辛」（台北，全能出版社）為書名，在港、台兩地再版。

作者孫家麒，早年曾任河南省政府調查統計室主任、河南省警保處副處長；來台後，先後任職於政治行動委員會、中國國民黨中央委員會第六組（中六組）；一九五七年調任駐港「聯戰」工作負責人，一九五九年因檢舉上司而遭到撤職。之後留居香港，一九七二年病逝。政治行動委員會係蔣中正於一九四九年大變局中，欲整合各情報單位而設置的機構；中六組掌理對社會、經濟、政治等動態有關資料之搜集，研究整理與對敵鬥爭之策劃。孫家麒在這兩個單位工作的經歷，使他所撰寫書籍，特別是《蔣經國竊國內幕》出版之後，立即引起各方重視。尤其是書中對於蔣氏父子的批判，言詞激烈，甚至中六組及國安單位有對其「制裁」之主張。

《蔣經國竊國內幕》分為十一章，從蔣經國如何部署權力開始，分別陳述蔣經國如何掌握軍隊、情治、黨務、青年四種力量；接著說明蔣經國的政治影響力、如何用人、如何進行「聯合作戰」；再以二章敘述蔣氏父子對於雷震案、輿論的態度；最後一章以「我所看到的蔣介石先生」，指稱蔣氏有五大缺點：最拙劣的演說家、最顢頇的行政官、最自私的當國者、最低能的軍事家、最玩法的獨裁者。論者有謂孫家麒在書中對兩蔣父子的攻擊火力與勁爆程度，在威權統治時期，顯然已經超過國民黨的紅線。（林孝庭，《蔣經國的台灣時代》，頁83）嚴格來說，如果去除作者孫家麒對蔣氏父子的批判，單就書中所提出軍隊、情治、黨務、青年、人事等問題，該書對於蔣經國在中央政府遷台初期如何建立其權力基礎，拓展人脈，提供重要的參考資料。特別是「政治行動委員會」的成立、參與成員、組織等相關問題，即使在檔案已大量開放的今天，作者所提供資訊仍然有相當高的參考價值。其他如中國國民黨中央黨部以及中國青年反共救國團，這兩個機構的組織與人事，雖然不像「政治行動委員會」具有隱秘性，但是作者從局內人的角度書寫，內容上依然有可觀之處。

《我為什麼脫離台灣國民黨》是作者孫家麒對其工作生涯的回憶，全書以個人遭遇為主要訴求，從其抗戰期間參與特務工作開始，至遭到撤職，決定脫離國民黨止，主觀性極強，其中不乏情緒性的言詞，這也是回憶錄不容易迴避的問題。由全書最後一段：「以上所述，固然是我脫離台灣國民黨的重要原因，然而也只是原因的一部而不是全部，假使不是親眼看到蔣氏父子的竊國篡黨罪行，我還不至於忍心拋棄家屬，冒著隨時被殺害的危險，斷然走上『反蔣』的道路的。關於其中的詳細情形，請參閱《蔣經國竊國內幕》一書，這裡不再多說了。」顯示該書應該是為《蔣經國竊國內幕》鋪墊而作，使讀者先對作者的相關背景有所了解，藉以強化《蔣經國竊國內幕》一書的內幕性與可靠度。然而單就《我為什麼脫離台灣國民黨》一書內容而言，亦頗有可觀之處，其中包括中六組的人事糾葛、派駐香港各個系統相互之間關係等問題，但是筆者認為書中最值得關注的情節，應是抗戰時期偽軍反正的問題，作者在書中有相當清楚的陳述，尤其是偽軍反正後的遭遇，以及抗戰勝利後對偽軍的運用，呈現出大時代的無奈，亦可窺見戰後黨政軍等方面的複雜情勢。

新銳文創鑒於兩書之史料價值，予以重新整理，合併出版，並附錄「孫家麒脫離台灣國民黨重要聲明」及「《蔣經國竊國內幕》原書出版聲明」。對於讀者而言，或可以當今的角度，回望作者在一九六一年代對兩蔣父子的批判，體認時代的演變。

# 作者簡介*

孫家麒字夢麟，河南商邱人，中央軍校軍官高等教育班第九期，陽明山革命實踐研究院黨政軍聯合作戰研究班第七期畢業。在大陸時，曾充河南省政府調查統計室主任（全省特工負責人）、河南省警保處副處長；到台之後，先後充任政治行動委員會（國民黨最高特務機關）秘書，中央黨部第六組秘書；一九五七年調為駐港「聯戰」工作負責人，一九五九年因檢舉第六組主任陳建中吞沒鉅額工作經費，觸怒蔣經國而被徹職，並對之進行暗殺及驅逐出境等卑鄙陰謀，幸未得逞。

孫君屢遭國民黨無恥迫害，加以目擊蔣氏父子「竊國篡黨」各種罪行，知其不可救藥，乃決心脫離該黨，從事「國民黨內幕叢書」之著述，將蔣氏父子之罪惡、公諸世人之前，冀藉口誅筆伐，使其懸崖勒馬；現已完成《我為什麼脫離台灣國民黨》及《蔣經國竊國內幕》二種。前者以自傳方式敘述其在國民黨特務圈中遭受排斥、打擊與迫害之各種情形，讀之令人髮指；後者剖析蔣氏父子「竊國篡黨」之無恥醜行，完全根據事實直斥其奸，決非一般空談者所可比擬。誠為研究國民黨問題權威之作，凡屬關心國事者，允宜人手一冊，幸勿交臂失之也。

＊編案：此一作者簡介係據原香港自力出版社之「編者識」。

# 目次

孫家麒著作導讀／劉維開 003
作者簡介 007

## 第一部 蔣經國竊國內幕

自序 014
一、蔣經國竊國陰謀的基本部署 017
二、蔣經國怎樣竊奪軍權 023
三、蔣經國怎樣建立地下小朝廷——「政治行動委員會」 032
四、蔣經國怎樣操縱黨務 041
五、蔣經國怎樣控制青年 050

六、蔣經國怎樣挾天子令諸侯 058
七、蔣經國怎樣用人 064
八、蔣經國怎樣進行「聯戰」工作 082
九、蔣氏父子怎樣構陷雷震 090
十、蔣氏父子怎樣箝制輿論 104
十一、我所看到的蔣介石先生 116

## 第二部 我為什麼脫離台灣國民黨

自序 144
一、我怎樣做了「國特」 148
二、偽軍反正與張人傑之死 154
三、新七軍事件的檢討 160
四、初嘗「排斥」滋味 166
五、由「特五組」到「中六組」 170
六、貪污案主角——陳建中 174

七、圈外人的悲哀　179
八、大陸廣播部的爭奪戰　182
九、美麗的釣餌　187
十、壞蛋姚秉凡　191
十一、姚案的餘波　196
十二、接連八次的逐客令　202
十三、予打擊者以打擊　207
十四、我接受了「下放」　212
十五、果然是個陷阱　217
十六、背水之戰　221
十七、縮小包圍圈　226
十八、「射人先射馬」的陰謀　231
十九、「交心」與視察　236
二十、如此作風　242
二十一、一面倒的說客　249

二十二、爾虞我詐的「冷戰」 255
二十三、檢舉陳建中貪污書 260
二十四、豪奴的嘴臉 267
二十五、逆來順受 273
二十六、放火救火的醜劇 279
二十七、逼上梁山 284

## 附錄

孫家麒脫離台灣國民黨重要聲明 294
《蔣經國竊國內幕》原書出版聲明 295

# 第一部
# 蔣經國竊國內幕

# 自序

自一九四九年中華民國政府被迫遷到台灣之後，蔣經國仗著他的特殊身分，在「總統老子」的庇護、縱容、監守自盜和私相授受的諸種情況下，不幾年的功夫竊奪了軍權，控制了六十萬大軍；秘密組設「政治行動委員會」，建立了他的「地下小朝廷」；篡奪了中國國民黨——把一個具有光輝歷史的革命政黨變成了「蔣家的私黨」；欺騙了無數青年。又用天羅地網般的特殊組織控制著每一個人；以恐怖、構陷的卑鄙手段迫害異己；他的醜惡罪行，真是罄竹難書。然而事實上不但在台灣的人沒有一個敢予揭發，連在海外攻擊他的人也未能指出他的罪惡所在。原來真正知道他的秘密的人都是不肯說或不敢說，而在海外肯說敢說的人卻又苦於一無所知或知而不詳。

我在國民黨特務圈子裡混了二十多年，到台之後，一開始便在他們的特工最高指揮機關——「政治行動委員會」作秘書，四年之後又調任中央黨部第六組秘書，幹了五年才又調到香港負責「聯戰」工作；因為十幾年來一直參預他們的機要，所以對於他們的秘密無論是特務方面、黨務方面，或是政府方面，無不瞭若指掌；我以為當今之世，在海外的人，夠資格揭發蔣氏父子此一「竊國」罪行的，應該是捨我其誰了。

中共的罪行是人所共見的，而蔣氏父子的罪惡勾當卻是在「民主」、「法治」各種美麗外衣的掩護之下暗中進行的，大家稍不留心便會被他們蒙混過去，因此，我有義務為歷史作證。

今年是中華民國五十年，回憶它的建立是經過多少艱難？又犧牲了多少先烈的生命？蔣氏父子「竊國」、「篡黨」之後，國既不國，黨亦不黨，中山先生和死難的先烈們地下有知，一定是死不瞑目。假使他們能夠死而復活，我想一定會像當年「討袁」、「護法」一樣聲討蔣氏父子的。可笑他們居然還厚著臉皮口口聲聲說是中山先生的信徒，真不知人間還有羞恥事了！

筆者發表這本書的主要目的有兩個：

第一：希望蔣氏父子懸崖勒馬，幡然悔悟，立刻停止「竊國」、「篡黨」的罪惡勾當，放棄獨裁統治，開放政權容納黨外人士共同處理國事，實行真正的民主法治。否則這便是他們父子的罪狀，讓歷史老人或不甘做奴隸的中華兒女去譴責他們。

第二：希望海內外仍然信仰三民主義的中山先生信徒們，下最大決心擯棄「竊國篡黨」的蔣氏父子，發動「中國國民黨復興運動」來使死去的黨復活。但這裡所謂「復興」，決非他們的「改造」可比，因為「改造運動」只是蔣氏父子「篡黨」的一種手段，「改造」下來乃是使國民黨改造成「蔣家黨」；而這裡所說的「復興運動」，則是推翻「蔣家黨」，還我中山先生手創的「中國國民黨」的本來面目。否則萬一「台灣獨立」或「兩個中國」之說一旦成為事實，那就玉石俱焚了！

本書在半年前便可出版，但為了內中所述盡是台灣統治者見不得人的醜事，深恐問世之後，會引起國際間的鄙視而影響到中華民國在聯合國中的代表權，所以遲遲未出。因為我雖然反對竊國篡黨的蔣氏父子，但依然熱愛中華民國；雖然脫離了台灣國民黨，卻仍舊信仰中山先生和他的三民主義；所以決不願由我的手上使國家受到任何損害。現在代表權的問題，業已大致決定，不會再受到本書的影響了。

我和國民黨的種種，在另一本拙著《我為什麼脫離台灣國民黨》一書中已有詳盡的說明，這裡不再贅述。我這樣揭發蔣氏父子的「竊國」罪行，許多朋友都為我的安全擔心，認為政治暗殺正是他們的拿手好戲，恐怕他們會暗下毒手；我則以為那些獨裁統治者的最後手段也不過如此，如果人人都把生死置之度外和他們一拼，他們便會「黔驢技窮」，萬一為了揭發竊國大盜們的罪狀而遭謀殺，在我恰有死得其所之感，又有什麼可怕呢？

孫家麒　寫於一九六一年十一月

# 一、蔣經國竊國陰謀的基本部署

古人說：「與善人居，如入芝蘭之室，久而不聞其香；與惡人居，如入鮑魚之肆，久而不聞其臭」，這都是「習而不察」，「當局者迷」，受了客觀環境薰陶，日子一久，便於不知不覺中為外來因素潛移默化，而不自知，所謂不聞其香，不聞其臭，都是因為受了長期感染的緣故。

我參加國民黨特務工作二十多年，眼所見，耳所聞，盡是「偉大領袖」，「偉大領袖」（現在則是蔣先生偉大了）一類歌功頌德的肉麻言論，在當時閱世未深的我，自然很快地便成了一名忠實信徒了。因為沒有比較，所以對他們一切不合理的措施，也都認為是百分之百的應該，一點不以為異，那情形正和一個在鮑魚之肆過久的人，聞不到臭味的情形完全一樣。

這幾年在香港這種真正言論自由的地方，自由地看，任意地聽，胸襟、眼界，驟然擴大了不少，從各個角度互相比較之下，發現真假民主的區別。回首遙望台灣，才看出我為它效忠二十多年的中國國民黨，它的真面目竟是如此醜惡！再加上自己親身嘗受過的國民黨對我一連串卑鄙無恥的迫害，同時又經過兩、三年的長期反省與冷靜分析，使我對這個所謂「革命團體」，有了慘不忍睹的新評價！如果把他們的無恥罪行，一一列舉出來，相信縱寫一百萬字也未必寫得完，現在先從蔣介石先生的繼承人問題說起吧：

當一九四九年夏天，中共軍隊以風捲殘雲之勢，向西南各省長驅直入之際，老先生（這是台灣圈內人對蔣介石先生的通稱，對太子則稱為蔣先生）已自奉化的溪口，到了台灣的草山（現改為陽明山），他因為親眼看到他多年一手栽培，提拔出來的親信幹部，到了緊急關頭，竟都一個個投向敵人，倒戈相向，對他真是一個無比的打擊。俗語說：「一次遭蛇咬，終身怕麻繩」，大概是這種心理作用吧？自此以後，對於任何人總覺得不大放心，「上陣莫如父子兵」，自那時起，他便決心培養兒子繼承衣砵，一心一意作「傳子」的準備了。

老先生雖然決心「傳子」，但在這二十世紀的六十年代，既不能仿效古代皇帝退居「太上皇」禪位「太子」的辦法，而又十分曉得自己一旦「晏駕」之後，文武百官未必肯「扶保太子登基」，為了達到「父死子繼」的世襲大願，唯一的辦法，只有偷偷地把國家權力轉移到愛子的手裡，造成既成事實，使反對的人喪失反對的力量，那麼，太子先生便可以安安穩穩地登上統治的寶座了。

為了達成這個目標，他們做了四項基本部署，以神鬼莫測的偷天換日手法，齊頭並進，作為「竊國傳子」的張本。那四項基本部署是：

（一）掌握軍隊。

（二）強化特工。

（三）操縱黨務。

（四）控制青年。

他們以為只要能把軍隊、特工、黨務、青年四種力量，完全掌握到手，那麼，這頂王冠便不怕再有人爭奪了。所以蔣經國屢次對他的親信表示：不管外面對他如何攻擊，環境對他如何不利，但對上述四種力量，決不放手——原來那是他竊國的最大資本啊！

談到這裡，或者有人會問：「自抗戰時起，二十多年來，大家不是一致公認陳誠先生是老先生唯一的未來繼承人嗎？怎麼你又說是蔣經國呢？」

不錯，這問的確是事實，而且直到今天仍然有許多人依然抱著這個看法，不過，我以為這個形勢，早自一九五四年五月二十日，陳誠先生就任副總統之日起，便已開始轉移了。這話一定有很多人不同意，然而事實確是如此，因為：

第一：副總統的地位，雖然是一人之下，千萬人之上，但並無實際力量，縱使再兼一個行政院長，在我們這個事實上等於總統制的國家裡，行政院長又能發揮什麼作用？俞鴻鈞先生那任行政院長，還不是等於一名「高級傳達」？

第二：陳誠先生雖然飛黃騰達甚早，然而他是一位不折不扣的軍人，在玩弄「政治魔術」方面，確是瞠乎人後；同時他對老先生忠心耿耿，很少培植私人勢力結黨營私，所以他缺乏一個有力的政治性集團，充當他的政治資本。

第三：他的年齡雖比老先生年輕十幾歲，但他的健康情形，反而較老先生更差，也可能衰老得更快。太子先生則和他恰恰相反，在這三方面都比他優越得多。在此之前，兩人明爭暗鬥相當尖銳，有時他還當面故意給太子以難堪，但自登上副總統寶座之後，態度忽而大為改變，不特待人接物和藹可親，一派禮賢下士的樣子，即對太子先生也處處委曲求全，遇事隱忍。大概他以為自己業經坐上第二把交椅，老先生百年之後，繼任者捨我其誰？因而放心大膽，篤定泰山了。這位先生真是名符其實的軍人頭腦，對於波譎雲詭的政治鬥爭經驗，還太缺乏，他不曉得太子先生幾年之間，在上下其手的搬運魔術下，所有的力量，都已無形中先後入了太子掌握，早非吳下阿蒙，而已後來居上。即令在今天，陳誠先生也非太子的敵手，更不必說數年之後了。

老先生一手掌握中國命運四十年之久，雖然世人對他毀多於譽，但其北伐、抗日幾樁大事，總不能一筆抹煞的；一個人有了這樣的成就，到了晚年還有何求？所希望的不過是向歷史有所交代罷了。所以我相信一九五八年十二月二十三日，老先生在光復大陸設計研究委員會中所作的「決不修改憲法」那個聲明，確是由衷之言，想把「反攻復國」這副不大容易挑得起的千鈞重擔，卸給別人擔任，自己可以含飴弄孫以娛晚年。這個英明的決定，於國於家，於人於己，可以說百利而無一害，但如站在太子先生個人的「竊國」立場來看，則恰恰相反——有百害而無一利，理由如下：

如果老先生堅持到底不「修憲」連任，那麼，去年五月繼任的新總統，毫無疑問的會是陳誠先生，因為太子先生的實力雖強，但整個形勢於他不利，一時尚無法子承父業。這樣一來，太子先生便失去了憑藉，不論官做得多麼大，再也不能無法無天為所欲為了（他的勢力都是在老先生嬌縱、溺愛、有計畫、有步驟地悉心培養下，無法無天膨脹起來的），這豈不等於「為山九仞，功虧一簣」？一向視權力如生命的太子先生怎能甘心？於是出盡八寶，纏著老子「修憲」連任；在理智情感交戰之下，年老的人畢竟是「舐犢情深」，因而把心一橫，終於順從了愛子之意，改變了初衷。

許多人在國民代表大會選舉之後，認為老先生又三次連任了，於是對老先生歡呼者有之，指為「毀憲連任」對老先生反對者亦有之，我以為無論歡呼或反對，他們統統是弄錯了目標，真正應該受到歡呼或反對的，並不是老先生，而是藏在老先生背後，坐享其成的太子先生。在老先生第二個任期的後半段，太子先生已無形中成了半個總統，第三個六年裡，恐怕連另外一半也非太子莫屬了，哪裡還有陳誠先生染指的份兒？

最初太子先生似乎是只抓實權，不大計較名位的，這點在他形式上交了總政治部主任以後，僅僅擔任一個黑市國防會議（始終未經立法程序的一個非法機關）的副秘書長，就可看出。不料去年他居然也要升起上將來，據內幕消息：因為去年美國艾森豪總統訪台期間，安全工作做得非常成功，沒有發生一點不幸，老先生龍顏大悅，認為這是特務機關的功勞，應該特別獎勵一番。

太子先生是自由中國的最高特務頭子，論功行賞，當然是「近水樓台」，不過如果單單把他晉升，還怕外人議論，於是又把太子先生特務部門的幕僚長——國家安全局局長陳大慶先生，一併提出，藉以減低大家的反感。

最初我還以為那次安全工作的成績，是成千累萬的特工人員，和軍、憲、警大家共同不眠不休的辛苦代價換來的，頭子們不過坐在辦公廳裡發號施令而已，如要獎賞，應該以他們為對象才對，太子先生為什麼還稀罕「上將」這類勞什子呢?仔細一想，才悟出其中的奧妙來，原來太子先生一切權力都已應有盡有，所欠缺者只是國家的一等名器，試想以兩顆星的身分，指揮起三顆星或四顆星的大員來，雖然一樣得心應手，但總覺得有點不夠味兒似的；何況五年之後，便要繼承大統，從兩顆星一躍而增至五顆星，尤未免使人覺得「那個」，古人說：「凡事豫則立，不豫則廢」，晉升三星上將，正是將來榮任「五星上將」的預備工作，所以雖然有點「貪天之功」，為了將來的遠大計劃，也就顧不得許多了。

關於太子先生以什麼巧妙方法，完成他「竊國」的基本部署，請看下面的分章敘述。

# 二、蔣經國怎樣竊奪軍權

第一流的魔術師，在變戲法的時候，是不會讓觀眾看出破綻的，那怕觀眾明明知道那是假的，但因為他玩的手法是那樣的熟練、圓活與天衣無縫，使人在任何角度上也挑不出他的毛病來，所以我們看了，只有鼓掌嘆服而已，我對太子先生在國軍方面所表現的幾手，也作如是觀。

政府遷台灣後，在國軍制度方面有兩項重大措施：

第一是成立國防部總政治部，恢復軍隊政治工作。

第二是國軍將領實行以二年為期的任期制度。

這兩項重大措施的動力，都是來自太子先生，而前者更由他親自主持，並且連任了一次——兩個任期共四年。

在此之前，軍隊貪污，已成了國人耳熟能詳的公開祕密，因為高級軍官只知弄錢，導致士無鬥志，把大好河山拱手送給中共。到了台灣，雖然比較收斂得多了，然而一時還不容易根除。及至軍中政工恢復之後，蔣經國先生以其「儲君」身分出任首任總政治部主任，先聲既已奪人，又嚴厲推行軍中四大公開，獎勵檢舉；因而在並不太長的時間內，便使多年來烏煙瘴氣的貪污現象，大為改觀，雖不是完全絕跡，至少中、下級軍官已沒有了貪污的可能（當然高級軍官不在此限）。而任期制度把過去類似割據局面的封建勢力，一掃而空，確實做到了軍隊國家化，這也是各方面一致稱讚國軍進步的重要原因。假使太子先生在他總政治部主任的第二個任期屆滿之時，能夠依法飄然引退，不再暗地裡玩弄魔術手法，我們真要再為這位當年的「打虎英雄」大聲喝彩，稱讚他是重建國軍的第一功臣；然而他竟於「謝幕」之時，露出了一條狐狸尾巴，使我們久被迷惑的雙眼，又能清晰地看出他的醜惡原形來。

不論如何完美或其他國家行之有效的任何制度，如果被別有用心者利用起來，不但不能發生應有的效果，反而會弄來同等程度的反效果的。任期制度經政府明令公佈之後，推行得非常認真，太子先生的總政治部主任，在第二個任期屆滿的時候，依法必須去職，但太子先生畢竟家學淵源，深切瞭解「槍桿決定一切」的真諦，而軍隊政工，又是控制軍隊的重要工具，而且又經他四年的苦心經營，哪肯輕易放手？不過，一因人言可畏，二因命令難違，又不敢像修改臨時條款那樣，單單把總政治部主任的任期，改為無限制連任，大勢所趨，非交不可。在這千鈞一髮的緊要關頭，我們的太子先生那一套魔術師一般的神妙手法，便跟著使出了，他以「金蟬脫殼」、「借屍還魂」、「抽樑換柱」、「移花接木」各種手法，打破了任期制度對他的拘束力，於是他便穩坐家中，無限期地對六十萬大軍澈底控制起來了！

原來軍中政治工作，經太子先生以四年的時間，苦心孤詣地慘澹經營之後，已在軍中建立了一個獨立指揮系統，一如臂之使指的一般靈活，同時也在軍隊裡面建立起了「沒有政治部主任副署的部隊長命令無效」的無上權威。總政治部內部，更是他一手安排的親信。兩個副主任方面：胡偉克先生的作風，浪漫不羈，遇事滿不在乎，和太子先生的脾胃不大相投；另一位張彝鼎先生，在太子先生面前，真是「足將進而趦趄，口將言而囁嚅」，兢兢業業，唯命是從，是一個十足的奴才胚子。當一個主人離家外出，選擇看守門戶的僕人時，自然以聽話、可靠為第一，因此，張副主任便在這種特殊條件之下，被太子先生看中舉以自代了。

張彝鼎接了總政治部主任之後，為了報答知遇，真也不負所託，每日除了下棋之外，對於部內一切公事，概不過問。（事實上一個組員他也無法指揮，縱想過問也過問不了）。所有重要問題，仍舊由各主管人員，直接向太子先生請示。太子先生又把他的親信蔣堅忍，由陸軍總司令部政治部主任，調為總政治部副主任，替他主持一切，（張主任仍是每天下棋）直到二年之後，張主任的「守門」任務，圓滿達成，才把蔣堅忍正式升為主任。而對「守門」有功的張彝鼎，則調為國防部次長，試想一個只會「守門」的奴才，只因他對主人忠實，竟也可以充任國家的一品大員，太子先生的神通是怎樣廣大，由此也可窺見一斑了。

由此，我們可以看出，所謂「任期制度」也者，乃是太子先生所玩的一套「政治魔術」，對於他所不喜歡或不需要的人，不必找任何理由或藉口，可於任期屆滿時，冠冕堂皇的炒其魷魚；對於他所喜愛的人，可以使他繼續連任，真正無法再連任時，又可以派往另一重要單位過渡兩年，然後再捲土重來，依然有再來四年的機會。（像彭孟緝的參謀總長）；

他自己看中的工作，可以不受任何法令拘束，以偷天換日的手法，一直無限期的操縱下去。所以「任期制度」，在太子先生「竊國」傑作的過程中，其功用恰像魔術師手裡那枝「魔術棒」似的，得心應手，變化無窮。也像齊天大聖那枝「如意金箍棒」一樣，長短粗細，隨心所欲。於是順我者「升」，逆我者「垮」，可憐無數個久歷沙場，為國流血拼命的軍官，便如此這般地被太子先生一批一批打入「冷宮」！

太子先生因為自己資望不夠，不僅對老先生的一般重臣（如張群、何應欽等）不感興趣，連資望較他稍高或不肯向他「俯首稱臣」的人物，同樣也在他排斥之列。不信，請看早期的陸、海、空、三軍總司令的結果如何，便知端的。

以我在「政治行動委員會」的四年（一九四九——一九五三）經驗，最瞧不起特務工作的是軍人，海、空軍方面，多年來一貫如此，不必說了，到台之後，連陸軍也不例外。那時的陸軍總司令是孫立人將軍；因為出身美國維吉尼亞軍校又在台灣訓練新軍最早，幹部眾多，儼然是「黃埔」之外一枝崛起的新興力量。加上和太子先生的作風格格不入，所以也和海空軍一樣，對「特工」人員特別討厭，甚至連對太子先生也不十分買帳。

太子先生心存「大欲」，想實現「大欲」，必先掌握軍隊，而這三位總司令，恰是其中的最大障礙，為了達成他的目的，非先予以清除不可。下面便是太子先生在這場政治鬥爭中的獲勝經過：

「任期制度」首先把孫立人將軍的陸軍總司令職務解除了，這是「擒賊先擒王」的手法，使孫的幹部群龍無首而失去中心，而把他調為一個毫無作用的總統府參軍長，按說已經不足為太子之「患」了，然而太子先生依舊毫不放鬆，他認為孫的幹部眾多，又得美國人的支持，說不定碰到機會還會捲土重來，為了「斬草除根」，乃以卑鄙栽誣的手段（這是他們的拿手好戲，雷震事件便是孫案的翻版，詳情容在後面專章敘述）加以「蓄謀叛亂」的罪名，把孫不明不白像張學良一樣的「幽禁」起來了。

海軍方面，總司令桂永清雖是「陸軍下海」，但因為服務海軍有年，也具有相當潛力。當時的海、空軍，都是自成系統，門戶森嚴，封建意識，極為濃厚。這恰是太子先生的大忌，於是軍中政工恢復之後，首先便派「軍統」的特工宿將趙龍文，出任海軍總部政治部主任，主要任務，便是粉碎桂派力量。那趙龍文確也不負所望，數月之後，已將海軍將領十三人的一切有關資料，搜集到手，祕密報告太子先生。國防部處理的結果是：或撤、或免、或調，十三人中無一倖免。而桂永清總司令也於這種安排下，離開了海軍。

空軍方面：「老虎將軍」王叔銘，是正牌空軍出身，很受部下擁戴。空軍的門戶之見更深，非常排外，凡屬非空軍出身而服務其中者，很少不受歧視。那些年台灣的防衛任務，大半由空軍擔任，可以說是三軍中的天之驕子，太子先生雖然看得眼紅，但也不敢操之過急，恐怕欲速不達。所以在總政治部成立之時，各兵種的政治部主任，太子先生都派由自己的親信擔任，只有空軍方面完全例外，政治部主任一職，卻是落在空軍中的王衛民將軍身上，僅在保密防諜部分，派了少數的「特工」人員，進去協助處理。總司令王叔銘所以能連任一次，便是因為其中存有這種矛盾之故。

王老虎的空軍總司令四年屆滿，被調為參謀總長，不知內情的人或以為他在空軍時為國家立功甚多，一定是兩年之後，仍會回到他的老崗位——空軍——上去的，但是稍具頭腦的人，決不作如是觀；因為太子先生企圖掌握空軍，可說是夢寐不忘，而王老虎恰是其中的最大障礙，只要王老虎一天留在空軍，太子先生的願望，便一天無法實現。現在好不容易才做到「調虎離山」，焉有再放歸山林之理？不過，王老虎後來竟然糊裡糊塗以「粉紅色的間諜」嫌疑之累，下來得那樣狼狽，確非一般人始料所及，原來它的背後，卻包藏著一個無恥的陰謀在內。

王老虎性情粗豪，喜愛京戲，自己也會唱幾句，俗說：「英雄難過美人關」，王老虎既是英雄，少不了也患上「寡人之疾」，因為興趣所在，對於會唱京戲的女伶，特具好感，所以在台灣的名坤伶們，差不多都成了他的媸友。

大鵬劇團是空軍裡面一個龐大的康樂組織，也是台灣最具規模的一個京劇團，團裡有個名叫徐露的坤伶，頗有幾分姿色，擅演花旦戲，和王老虎很要好，據說某天晚上，老虎將軍正在徐家尋歡作樂，忽然來了一批軍警，要進來搜查；王老虎見此情形，不覺怒髮衝冠，挺身出來喝道：「本人在此，哪個敢來搜查？」不料，領隊的人不慌不忙，從身上取出一張紙條，一言不發，遞到總長手裡。王老虎一看之後，不禁大驚失色，原來那張紙條，正是蔣介石先生搜查匪諜的手諭，王老虎當時恰像一隻鬥敗的鵪鶉一樣，只得眼睜睜看著他們把徐露母女帶走。

搜查徐露的家庭，刑警總隊便已勝任愉快，為什麼小題大做，定要抬出「總統」的名義，又偏偏選在王老虎在場的時候呢？這中間也有一段祕密在——原來彭孟緝的陸軍總司令業已幹夠一任了，他感到這個官兒，雖也不小，但總不如參謀總長來得過癮。太子先生因為感到對王老虎指揮不便，也把他視作眼中釘，必欲去之而後快，在二人精心策劃下，演出了那幕活劇，於是我們的老虎將軍，便於渾渾噩噩中，墜入了別人的陷阱，真是啞子吃黃蓮——有苦也說不出口了。

太子先生為了容易掌握，特別喜愛提拔新人，但切勿誤會他是人才主義，他的用心只是為了一個資深望重的人，對於國家大都有所貢獻，他自己則完全依靠老子關係，相形之下，不免使他惑到自卑與自餒，指揮起來，也嫌得礙手礙腳，況且對方也不見得特別惑恩。少壯幹部則不然，一個從未擠入高層的二、三流腳色，一旦被擢升為方面大員，飲水思源，哪有不刻骨銘心，感恩圖報之理？加上有了三位總司令的前車之鑒，又慴於太子先生手中那枝「魔術棒」的威力，哪個還敢自討苦吃？只得也像馬戲團裡的那些獅、熊、虎、象之類一樣，一個個俯首貼耳，隨著太子先生「魔術棒」的起落而亦步亦趨；太子先生也於神不知鬼不覺之中，把「軍隊國家化」，一變而為「軍隊蔣家化」了。

當我上次向太子檢舉（見《我為什麼脫離台灣國民黨》）貪污的時候，還以為「提倡經費公開」和「獎勵檢舉貪污」，都是太子先生的傑作，這次總該得到重視的；不料所得的結果，卻是「撤職」、「暗殺」和「借刀殺人」的死亡三部曲，這個道理，最初我很想不通，後經仔細研究，方才恍然大悟：原來太子先生初到總政治部的時候，和軍中將領甚少淵源，無所愛於他們，有人檢舉了，正好假借清除貪污大題目，來一手「殺雞儆猴」，樹立自己的權威。而我卻有眼不識泰山，居然有膽檢舉起他的新寵來，真是不識時務之尤，哪能不以大逆不道的叛徒看待？這道理和台灣的土地改革情形差不多；因為地主全部都是台灣人，所以國民黨可以大慷他人之慨，以大刀闊斧的手法，毫無顧忌地認真推行。假如當時百甲以上的大地主，有三、五個是屬於皇親貴戚之流，我想台灣的土改工作，能否順利推行成功，恐怕連陳誠先生也不敢作肯定答覆的。

大家如想知道現在太子先生對於台灣六十萬大軍，究竟可以控制到什麼程度，請看下面一個小動作，便可了然了：

現任參謀總長彭孟緝將軍，誰也曉得他是最近十年來台灣政治舞台上，一位紅得發紫的人物，幾年之間，由少將要塞司令，而中將副司令，而上將參謀總長，可以說是步步高升，扶搖直上。一般人總以為他之所以為當局特別垂青，是為了處理「二、二八」事變有功的緣故；不錯，這也是原因之一，但最重要的，還是由於他對太子先生應付得好，而能得到他在幕後大力支持的關係。記得當故參謀總長桂永清將軍病逝的時候，最高當局放著許多資深望重的高級將領不選，單單選中了軍校五期畢業的台灣省保安副司令彭孟緝，繼任此缺，許多人都大感詫異，一致認為是出了「冷門」。命令發表之後，彭孟緝向太子先生說：「掌理機要的辦公廳主任，我還找不到適當人選，請你替我物色一位好嗎？」

太子先生聽了，臉上露出一陣會心的微笑，馬上便把他的贛南嫡系心腹幹部江國棟，自軍隊黨部裡調了過去，充任總長辦公廳主任。

彭孟緝將軍在台灣政壇上，走紅了許多年，他的許多幹部中，難道當真連一個辦公廳主任的人才也找不出來嗎？不！一千一萬個不！那不過是他向太子先生「交心」的一種巧妙的方式罷了。由於他這一妙著，所以他的總長職務，不僅連任四年，而且陸軍總司令任滿之後，接著又三度重來。我們一方面不能不佩服彭將軍對於官場三昧，具有獨到之研究，另一方面更不能不驚歎太子先生的法術無邊啊！

試想太子先生以「任期制度」、「軍隊政工」兩樣法寶，玩弄國軍將領於股掌之上，連貴為上將參謀總長的人，都要向他「交心」，等而下之，更不用說，這樣環境下的軍隊，還會不變成他的私人武力嗎？

## 三、蔣經國怎樣建立地下小朝廷——「政治行動委員會」

如果有人說蔣經國在自由中國裡面，還有一個「地下小朝廷」，不僅海外人士覺得是聞所未聞，就連台灣的高級官員們包括在內，我相信百分之九十以上，也一定譏為信口雌黃的。然而事實勝於雄辯，我自己便在這個「小朝廷」的核心裡面工作過四年之久，直到兩年以前才算完全自它的陰影中鑽了出來。現在這個「小朝廷」還是一個不為外人所知的神祕組織，所以我願趁此機會，打開它的一角小門，讓大家看看那裡面究竟是些什麼樣的稀奇古怪東西。

蔣介石先生數十年來，所以能夠打倒一切政敵，屹立不倒，而有今日地位，完全靠的是軍隊、「特工」兩件法寶，因此，他深深知道特務工作的無形威力，並不弱於軍隊的有形力量。況且大陸淪陷前後，投共分子中，還是以「共產黨的死對頭」——特務工作人員為最少，這證明了對「領袖」最忠誠的還是這班人，使他對特務工作愈加重視，因而一到台灣，便又決定把特務工作在那裡全面推行；一面作為東山再起加緊控制的本錢，一面作為愛子竊國繼位的重要工具。

一九四九年七月，老先生在高雄召集各特務機關負責人和他的親信開會，決定祕密成立一個定名為「政治行動委員會」的核心組織，並指定：蔣經國、唐縱、鄭介民、毛人鳳、葉秀峰、張鎮、毛森、陶一珊、彭孟緝、魏大銘等人為委員，以唐縱先生為召集人，負責組設機構。它的基本任務是：統一所有情報工作，並使之充實、強化。

「政治行動委員會」於同年八月二十日在台北圓山正式成立，最初的首腦部，只有兩個部門：一個是書記室，一個是石牌訓練班。而我一開始便在書記室擔任秘書工作，這就是我在《我為什麼脫離台灣國民黨》那本書第四章以後，屢次提到的那個無名單位，也就是在台灣人人側目的「總統府機要室資料組」，和後來改組成為一個公開最高情報機關的「國家安全局」。

不管總統府機要室資料組也好，國家安全局也好，無名單位也好，這些都無關重要，因為那不過只是幾套顏色不同，式樣各異的服裝而已，而包裝在那些裡面的真正主人，依然只是「政治行動委員會」一個。

「政治行動委員會」的現任委員，當然不是原來的名單了，由名單上的名字變換，恰可看出一些人在台灣官場中的官運窮通與勢力的消長。這裡面擔任委員時間最短的是憲兵司令張鎮將軍，大概只開過兩次會就病逝了。接替他的是黃珍吾將軍。

其次是葉秀峰先生，他是以內政部調查局局長的身分，被指派為委員的，到了次年唐縱先生調為中央改造委員會第六組主任，「政治行動委員會」由太子先生接替時，他的委員名銜，也隨著內調局局長的免職而連帶取消。記得當時我為此事還鬧過一次笑話：當唐縱先生調職之前，忽然要我通知各委員開臨時會議，我還不曉得葉已經被免職，仍然按照名單用電話通知，葉先生到來一問，曉得是「政治行動委員會」開會，馬上怫然變色，拂袖而去。事後一問，才知道自己擺了一個大「烏龍」，心裡覺得非常對他不起。

和葉秀峰先生時間長短差不多的，還有毛森先生和陶一珊先生，毛森僅以委員的身分，在石牌訓練班講過一次話，不久就離開了台灣，後來因為不見諒於太子先生，始終寄居海外，未再回台。陶一珊先生的委員名義，雖也擔任得不久，但他卻出過一陣風頭，幹了幾年台灣省警務處長，訪問過馬尼拉，在國民黨「改造」後，第一次全國代表大會裡，以距太子先生票數並不太多的比率，當選為中央委員，而俞鴻鈞先生所獲票數卻遠遠望塵莫及——僅僅得了一名候補。當時老先生叫他退讓給俞鴻鈞（票選的委員，也可以私相授受，足見國民黨人對法的觀念如何了。）他只得遵命辦理，但還不知自量地向俞大賣人情，鬧得俞很不開心。不久，俞鴻鈞先生便繼吳國楨當了台灣省主席，一般不知內幕的人，以為陶一珊真是鴻運當頭，俞主席看在讓中央委員的分上，也應該對陶處長加以關照的，想不到俞鴻鈞上台之後，第一個垮下來的，便是警務處長陶一珊。

陶一珊自警務處長下來之後，便一蹶不振，直到今天。我以為這是他「聰明反被聰明誤」了，試想當時國民黨「改造」工作剛剛結束，數以千計的中央委員都被取消了資格，重新在三十二個名額中互相角逐，在千萬人矚目之下，他竟膽敢以一個微不足道的警務處長，和那些政壇宿將（包括太子在內）鬥力量，別瞄頭，而且居然又名列前茅，幾乎追上太子，哪有不招忌的道理？孟子說：「其進銳者其退速」，其陶一珊之謂乎。

葉秀峰先生交卸之後，繼任局長的季源溥先生，始終沒有躋入委員之列，我相信現任局長張慶恩，也未必有此幸運。

現在「政治行動委員會」的全體委員是哪些人，我已不十分確知，不過周至柔、蔣經國、唐縱、彭孟緝、陳大慶、魏大銘，諸先生一定不會有問題的，黃珍吾先生因劉自然事件被撤之後，一定連委員也一併丟掉。葉翔之先生以國防部情報局局長兼中央委員會第二組主任，兼負大陸工作雙重責任的一等紅人，和太子先生的另一親信蔣堅忍將軍，大概都已登堂入室，名單如此排列，可能不致於有什麼錯誤了。

「政治行動委員會」由太子先生負責之後，為了怕人議論，又派周至柔將軍擔任掛名的主任委員，然而周將軍除了一年一度，在工作檢討會上出現一次之外，所有其他事情，概不過問，這情形恰和數年之前，徐庭瑤將軍以裝甲兵司令的名義，帶領副司令蔣緯國一樣，他們都不過是陪伴太子玩耍的「男性褓姆」罷了。

「政治行動委員會」到了太子先生手中，馬上便不同了，由無名單位改為「總統府機要室資料組」，這個名銜，真是微不足道，然而大家不要以為它僅僅是機要室下面的一個小小單位，而便小看了它，實際上它是一顆包在敗絮裡面的鑽石，雖然沒有關防大印，只有個木刻條戳，但是就憑這個木戳，有時再加上一顆太子先生的名章，便已所向披靡，沒有哪個機關敢不另眼相看！

這個機關，除了內部組織一日千里地迅速擴大之外，它所指揮的機關，簡直包羅萬象，無所不有：在黨的方面有中央黨部、軍隊黨部、知識青年黨部，和青年反共救國團。在「政」的方面有司法行政部調查局（該局原屬內政部，其實不論隸屬何部，都是一個幌子，不過是使其要錢合法化的一種手段而已），外交部情報司、行政院新聞局、行政院退除役官兵就業輔導委員會和屬於內政部系統的台灣省警務處。在「軍」的方面有國防部總政治部、國防部情報局、國防部第二廳、憲兵司令部、警備總司令部。如果把它列成表示，便是下面這個樣子。

由下面這個表解，可以看出「政治行動委員會」所管的業務範圍是多麼廣泛，其權力之大是多麼驚人，它差不多成了一個小型的行政院，但行政院決不敢指揮「黨」，相反地「黨權高於一切」，行政院每遇重大的問題，一定先向「黨」請示，它的工作計畫和施政報告，也一定交「黨」審核，而太子先生則更不得了，他是「親權高於黨權」，用那披著「總統府機要室資料組」或「國家安全局」外衣的「政治行動委員會」的特殊威力，連中央黨部一樣指揮——至少指揮了大半，其中二、六兩組，在人事和業務方面，更是百分之百的受著他的控制。它真是一個名符其實的「地下小朝廷」，用中六組的保防工作，控制著每個黨員（每個小組都祕密設有保防幹事）；用調查局的安全系統，知識青年黨部和青年反共救國團的各級組織，控制著公教人員和學生，用各級政工人員，憲兵、諜報參謀，控制著軍人；用全套

附件一

（政治行動委員會）
國家安全局

- 政
  - 行政院退除役官兵就業輔導委員會
  - 行政院新聞局
  - 警務處——所屬全部警察組織
  - 外交部情報司——各領使館情報人員
  - 調查局
    - 各級安全室
    - 各級秘密組織
    - 海外各調查站
- 黨
  - 中二組——所屬海外及敵後各單位
  - 中三組
  - 中四組
  - 中六組
    - 大陸廣播部
    - 所屬海外各單位
    - 保防室——各種各級黨部保防組織系統
    - 中美心戰合作會報
  - 軍隊黨部——各軍種各級秘密黨務組織
  - 青年反共救國團——各學校分支組織
  - 知識青年黨部——大專學校黨務組織
  - 中央電影公司

附件一

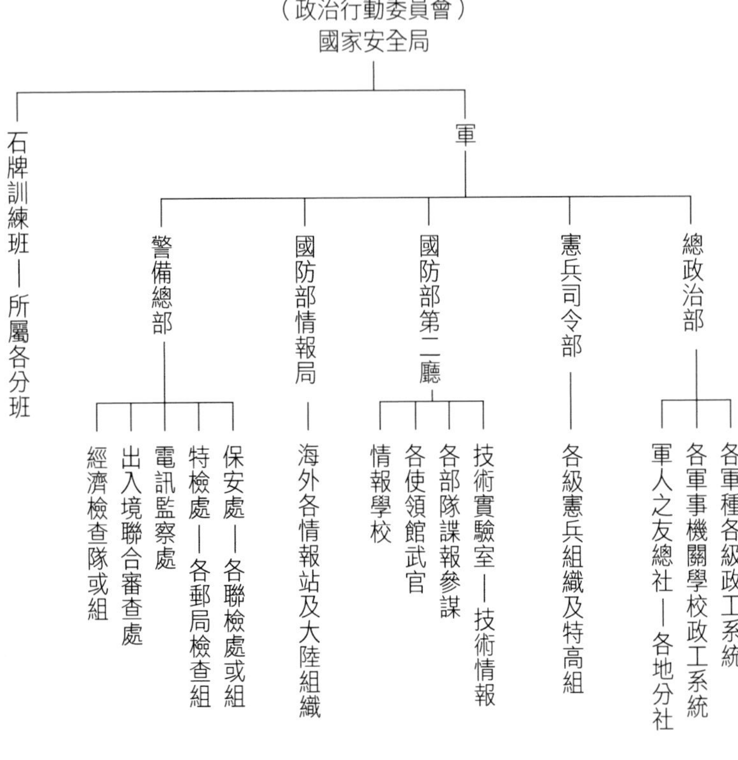
（政治行動委員會）
國家安全局
石牌訓練班—所屬各分班
軍
警備總部
保安處—各聯檢處或組
特檢處—各郵局檢查組
電訊監察處
出入境聯合審查處
經濟檢查隊或組
國防部情報局—海外各情報站及大陸組織
國防部第二廳
技術實驗室—技術情報
各部隊諜報參謀
各使領館武官
情報學校
憲兵司令部—各級憲兵組織及特高組
總政治部
各軍種各級政工系統
各軍事機關學校政工系統
軍人之友總社—各地分社

警察系統，各種祕密組織，各種檢查機構，控制著全體商民；又用檢查書信和審查書報，控制著人們的思想。試看這種種非法措施，和鐵幕裡的國家又有什麼兩樣？外人常常諷刺台灣是一個警察國家，他們還一再厚著臉皮矢口否認，其實半點也沒有冤枉他們！

如果國民黨的特務工作，也能和國際間諜一樣，處處以國家民族的利益為前提，那麼，站在「國家興亡，匹夫有責」的立場，看在國家民族的利益分上，為它犧牲若干自由，也不能說完全不值得。但是國民黨的特務工作，是不是也以國家民族為重呢？我的答案是否定的。本來我之參加特務工作，完全為了抗日（見《我為什麼脫離台灣國民黨》一書），想在國家危難之際，為它獻出一個國民所應盡的力量來。當時我還以為特務工作的最後目的，也是為了國家民族，雖然無法出頭露面，然而為了抗日，也願以無名英雄自甘；這個觀念，直到一九四九年老先生引退之後，才發覺完全錯了。

老先生引退之後，副總統李宗仁以代總統的身分上了台，國防部保密局是政府機構之一，無論從任何角度看，都應該向代表中華民國政府的李代總統效忠才對（李之好壞是另一回事），然而不然，毛人鳳局長帶著十分之九的人員，追隨老先生到了台灣，另由徐志道局長率領一小部分工作同志組成一個新的保密局，隨著政府而廣州，而重慶，造成了前所未有的「軍統」分裂之局。不但此也，徐局長領導的一批幹部，在重慶撤退的時候，想去台灣，毛先生一個也不肯加以援手（黃逸公便是這樣犧牲的），而且幾乎以叛徒視之，後來雖有少數人自行設法逃到台灣，但都被毛局長打入冷宮，連徐志道先生也不例外。

我對於這種情形，始而驚詫，繼而痛心，原來我為它半生拼命的，竟是一個專為一人一姓效忠的集團，視一人一姓的利益，遠在國家民族利益之上的一個「家奴」集團，而我自己居然也成了「家奴」之一！自那時起，我的腦海中便充滿了被騙與屈辱之感了！

關於國民黨特工方面的形形色色，這裡不及詳述，將來當再專書介紹。

# 四、蔣經國怎樣操縱黨務

大陸時期的太子先生，在國民黨方面來說是毫無歷史地位可言的，倒是在三民主義青年團方面，還有一點勢力。到了台灣之後，不但「團」早已合併於「黨」，連國民黨本身也等於土崩瓦解，不成其為組織，所以才有重新「改造」之舉。太子先生既然心存「大欲」，老先生又已決定「傳子」，對於這一個國民黨的基本力量，焉有不攫取之理？所以改造工作一開始，老先生便封他為「改造委員」之一，改造結束之後，又當選為中央常務委員（名為選舉，實際上全為欽定），同時他也在此時期，完成了他的部署工作。

國民黨的組織，雖然相當龐大，但主要關鍵，卻只操在兩個單位手裡，這兩個單位便是中央委員會（簡稱中央黨部）和軍隊黨部，只要掌握了上述二者，整個國民黨便會成為囊中物而任意予取予攜了。現在讓我分別談談太子先生對於這兩個單位的控制情形：

中央黨部共轄一處（秘書處）、六組（一至六）、五委員會（財政、紀律、設計考核、婦女、黨史）、一院（革命實踐研究院木柵分院——陽明山革命實踐研究院系一獨立訓練單位，由老先生自己主持，不屬於中央黨部），共計十三個單位，其主管業務如下表：

附件二

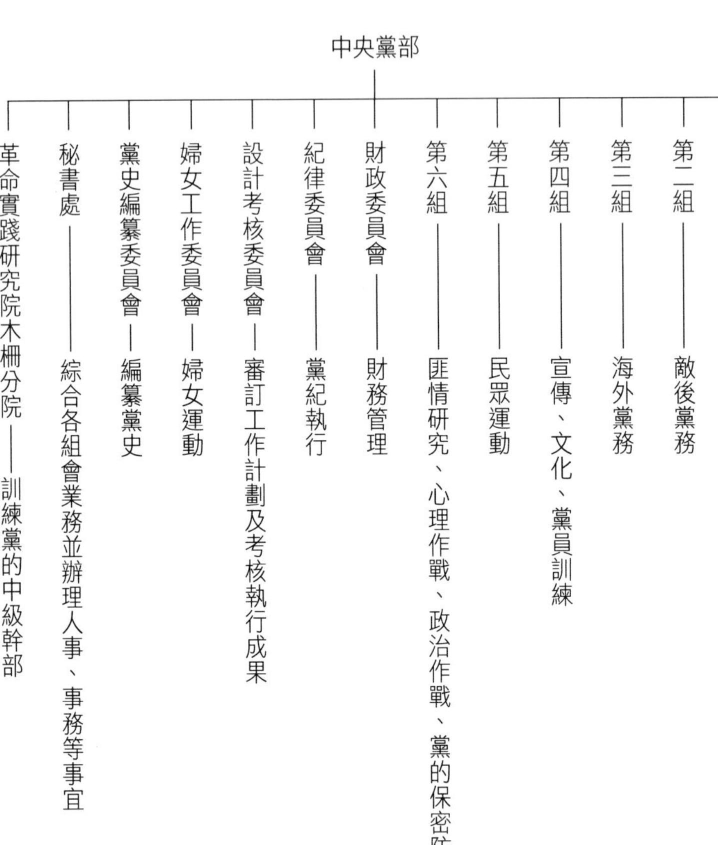
中央黨部
第一組——組織
第二組——敵後黨務
第三組——海外黨務
第四組——宣傳、文化、黨員訓練
第五組——民眾運動
第六組——匪情研究、心理作戰、政治作戰、黨的保密防諜
財政委員會——財務管理
紀律委員會——黨紀執行
設計考核委員會——審訂工作計劃及考核執行成果
婦女工作委員會——婦女運動
黨史編纂委員會——編纂黨史
秘書處——綜合各組會業務並辦理人事、事務等事宜
革命實踐研究院木柵分院——訓練黨的中級幹部

由上表可以看出，國民黨中央黨部的工作重心，完全放在一、二、三、四、五、六組，六個單位身上，其餘幾個單位，不過是配屬性質而已。茲將各組內情略述如下：

## （一）第一組

掌理組織工作，等於大陸時期的中央組織部，太子先生派他的得力幹部羅才榮，充當該組副主任，替他在組織方面從事「生根」工作，所以主任一席，無論是唐縱先生也好，倪文亞先生也好，誰也不可能逃過太子先生的雙眼，發展自己的勢力，何況這兩位先生，也都是做官能手，哪裡敢在「老虎頭上拍蒼蠅」？於是組織部分的力量，便如此輕輕易易地為太子先生所有了。

## （二）第二組

掌理敵後黨務，純粹屬於特務工作範圍，而且有一部分業務還是由總統府機要室資料組（即政治行動委員會）劃撥過來的，其中人員自鄭介民（現為葉翔之）主任以下，更是沒有一個不是特工中人，人事調動完全取決於太子先生，中央黨部概不過問，不過是聽招呼，辦手續而已。這是百分之百屬於太子先生的個人勢力。

## （三）第三組

掌理海外黨務，該組主任一職，自改造到今天，十多年來一直都是鄭彥棻，本來鄭、蔣之間，並無淵源，因為鄭的為人善於投機取巧，見風使舵，眼見太子先生的勢力，有如一木擎天，周圍花木，再也沒有伸展餘地，葛藤之類，除了設法依附之外，只有日趨枯萎，於是他便搖身一變，作了一株攀緣依附的葛藤，處處唯太子先生的馬首是瞻。恰巧太子先生也感到自己在海外方面，尚無基礎，正好利用一下，作為過渡的橋樑，因此兩人在相互需要的情形下，一拍即合，這便是鄭彥棻十餘年來，始終都能屹立不倒的幕後真象。

後來，太子先生又派得力大將陳元為該組副主任，從中監視，這樣一來，善於鑒貌辨色的鄭主任，更只好假戲真做，落力表演了。

## （四）第四組

掌理宣傳工作，這便是大陸時期的中央宣傳部，自馬星野當主任開始，這一組的工作，便為太子先生所控制，本來馬星野並非太子派中人物，因為太子先生看到他在新聞界，還有相當力量，而且為人也很聽話（這是主要條件）所以當他跌下《中央日報》社長寶座之後，馬上把他收容到「政治行動委員會」中去，派為研究委員。馬於是深感知遇，奉命唯謹，加上他那副柔順無比的「娘娘腔」，太子先生認為孺子可教，便推薦他充當第四組主任，後來又先後派出大將沈錡、秦孝儀、曹聖芬，楚崧秋等充任主任或副主任，於是國民黨的宣傳工作，又成了太子先生的囊中物了。

以我在中央黨部中的多年經驗，我認為各單位工作成績最差的，首推第四組，這並不是說該組的工作人員不努力，而是在權責劃分上大有問題，先天缺陷妨害了它的發展，這個問題，不是三言兩語所能說得清楚，留待後面詳談。

## （五）第五組

掌理民眾運動，主要為工運、農運、社團活動、為民服務、社會調查（原為六組業務，後劃歸該組）等項。該組業務，義務多於權利，得失無關宏旨，太子先生根本看不上眼，因而未派親信駐守。雖是如此，但他們仍是看著太子先生的臉色行事，尤以上官業佑時期為然（上官擔任軍人之友總社理事長最久，和軍隊黨部同在中國國貨公司樓上辦公，因而搭上太子關係）。

## （六）第六組

掌理政治作戰（即聯合戰線相當於中共之統一戰線）、心理作戰（主要為廣播、空投，係與美方合作），匪情研究，保密防諜等工作。該組工作，係於改造時期，由唐縱主任創建者，一九五二年張炎元先生，以政治行動委員會副書記調充主任之後，太子先生又將心戰、保防兩項工作，由政治行動委員會撥歸該組執掌，組織亦隨之擴大，並由該組主任代表太子先生，與西方公司（美方派駐台灣心戰機構，現改稱NACC）合作，負責辦理對匪心戰工作，主要人員，均係政治行動委員會調來（如陳建中、李白虹及著者本人等），由太子先生直接指揮，與第二組同為政治行動委員會之分支機構。

其他如財政委員會，負黨務經費籌措之責，專門為中央黨部設法弄錢，太子先生當然不感興趣（該會正副主任委員，照例由從政大員擔任，以便向政府方面盜用公款，如俞鴻鈞、陳慶瑜、徐柏園、陳漢平等均曾充任此職）其他各單位或辦理黨員救濟、撫恤，或投資設計考核，或編纂黨史，對於力量消長，不能發生絲毫作用，太子先生均不屑一顧。

其中值得一提的，只有一個婦女工作委員會，本來婦女運動乃第五組民運工作之一，與工運、農運，同為並列於該組的一個室，但因為台灣第一夫人宋美齡，每日無所事事，閒得無聊，也要出來領導一番，於是善於逢迎的袞袞諸公，為了仰承懿旨，硬把婦運工作自第五組劃出，單獨成立了一個婦女工作委員會，下設五個室，規模之大，駕乎各委員會之上，而所辦理的，依然只是一個室的業務，並特地在寶慶路二號建造了一座美侖美奐的漂亮洋房，作為會址。又因為第一夫人是「偉大領袖」的另一半，她的身分，當然不是其他委員會的主任委員們所能望其項背，為了表示身分崇高，地位特殊，特把該會的組織系統定為「指導長」制，於主任委員之外，另以第一夫人為指導長巍巍乎高踞眾委員之上，發號施令，指揮一切，和其他各委員會的會議方式，作為解決問題的主要手段，完全大異其趣。因為第一夫人高高在上，宛如蔣總裁之君臨中央，有人戲稱之為「女總裁」。丈夫以總裁的身分，獨斷專行於前，太太也當仁不讓而依樣畫葫蘆命令指導於後，其權威較之丈夫不但毫無遜色，而且遇到婦女工作委員會，開什麼大會時，總裁丈夫一定親臨捧場，半點也不馬虎。試想「偉大領袖」如此，等而下之，還不是逢迎拍馬，爭先恐後？於是我們的「女總裁」鳳顏大悅，連帶著總裁丈夫他龍顏大悅，於是與會人員皆大歡喜，大會圓滿結束，猗歟盛哉！

其次再談軍隊黨部；國民黨的組織，如果按性質來區分，有如下表：

表列各種黨部，地方黨部系統，屬於各省縣市組織（包括各省產業黨部）；產業黨部系統，屬於中央生產事業機構組織；職業黨部系統，屬於鐵路、公路、郵電、海員、立監委員等組織；知識青年黨部系統，屬於大專學校（中學則為青年反共救國團勢力範圍）組織，海外黨部系統，屬於中央第三組（等於大陸時之海外部）；敵後黨部系統，屬於中央第二組，直屬區黨部，係由中央黨部所屬各處組會工作人員組織而成。以上各種組織，均受中央黨部指揮，換句話說，只要能掌握住中央黨部，這許多黨部自然也隨著入了掌握，其中唯一例外的只有軍隊黨部。

本來自從行憲以後，所有政黨組織，都應該立刻退出軍隊或學校的，但這不過是一句動聽的漂亮口號罷了，事實上國民黨在軍隊中的活動，只有更加積極，有進無退。

軍隊黨部因為所屬黨員都是軍人，又不能公開活動，黨的組織當然只能祕密設在軍隊之中，而軍中的政工組織，正是一具天然的掩蔽物，各級幹部又都是清一色政工人員，於是黨和政工變成了兩位一體，運用起來可稱為得心應手靈活之至。

國民黨的黨員數額，改造之初，只有二十多萬人，其中軍人竟占了百分之六十以上。現在的確實數字，雖不得而知，但依比例推斷，全部軍人之中，至少應該有半數都已加入了該黨，也就是說軍人黨員，應有二十五萬至三十萬人。因為凡是軍校出身的軍官，在訓練時期，都已參加了組織，改造時期，誰也不敢不歸隊（不歸隊便是問題人物，根本無法立足），士兵中的優秀者，在指揮員長期威迫利誘之下，也必定吸取不少。於是國民黨的組織，在軍中的發展，一日千里。加上軍隊政治工作，十多年來，一直操太子之手（他於總政治部主任交卸之後，便坐鎮軍隊黨部指揮一切），在國民黨「以黨領政，以黨統軍」的決策下，太子先生左手「政工」，右手「組織」，表裡配合，好像天羅地網般地，把數十萬大軍牢牢罩住，任你有天大本領，也不得不俯首貼耳唯唯聽命了。

**附件三**

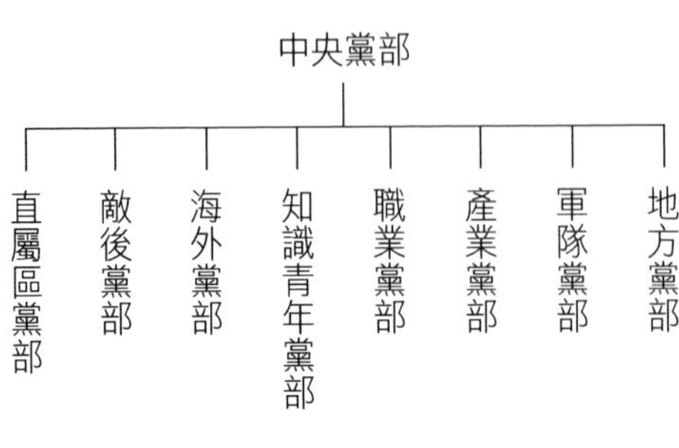

軍隊黨部因為是太子先生直接領導，水漲船高，它的身價便也隨之不同凡響，本來軍隊黨部也只是中央黨部所屬各種黨部中的單位之一，自然應認也和其他黨部一樣，一切完全聽命中央才是，其實不然，軍隊黨部恰是國民黨組織中的一個「獨立王國」，一切黨務，獨斷專行，不但中央黨部中的二、三、四、五、六組，和各委員會無法過問，連主管組織的第一組，和它的上下級關係，也只是象徵式的。人事方面，太子先生更是大權獨攬，為所欲為，必要時便抬出國民黨這塊擋箭牌，說是「黨的決定」，如此一來，哪個敢說半個「不」字？太子先生之所以能把千萬個軍中將領控制得那樣服服貼貼，至少有一半是借了軍隊黨部的力量。

由此，我們可以清楚地看出，太子先生對於中央黨部所屬的重要單位，雖尚不能百分之百的完全操縱，但至少也能達到百分之九十；至於軍隊黨部，則是「唯我獨尊」，任何人也休想染指。再加上爸爸是總裁，媽媽（現在太子已稱宋美齡為媽了）是指導長（女總裁），整個國民黨還不是完全操縱在這個家族之手？從前中山先生為了救國救民，才創立了這個黨，到了今天，這個具有輝煌歷史的政黨，已完全變了質，它不再是一個為國為民的革命團體，而成了一個如假包換的「蔣家黨」了！中山先生泉下有知，怎能不放聲一哭呢？

# 五、蔣經國怎樣控制青年

有些批評太子先生的人，說他「不應該用共產黨的方法來反共」，這話雖然也是事實，但在我看來，卻覺得這些先生們未免是「少見多怪」。試想太子先生去俄國的時候，還不到二十歲，對於本國的一切，既無充分認識，書又讀得不多，在俄國一住便是十多年，而這是一個學習時期的黃金時代，受的是俄式教育，一腦子共產思想，又娶了個俄國太太，每日耳濡目染，潛移默化，差不多完全俄國化了。回國之後，雖然也補習了些中文，多少也知道些古聖先賢之道，但終究一曝十寒，敵不過他那先入為主的一腦子共產思想。所以他成了一個「獨佔一味」的馬列信徒，除了共產思想和共產黨人所熟諳的那套理論、方法之外，便一無所知。在這種情況之下，太子先生不用共產黨方法，還有什麼方法可用？

世界上最會利用青年的，首推共產黨人，自兒童以至成年，這一段最重要的歲月中；他們便準備有：少年先鋒隊、共產主義青年團和共產黨，這一連串的圈套，等待青年們跳入；青年人是最熱情的，但因為一切認識不夠清楚，也是最易於被人利用的（大陸時期，大家都已見過許多，用不著再來列舉），太子先生是一個標準共產黨員（直到今天還未正式脫黨），深深瞭解此中三昧，既已和老子制定竊國大計，對於青年這股力量，更不能不早加控制。但因為行憲之後，「以黨治國」的黃金時代，業已一去不返，黨的組織，雖然也可以到學校中祕密活動，但畢竟偷偷摸摸有些縛手縛腳，而且也不過用於中等學校（國民黨的黨員年齡規定為十八歲，所以只好以大專學生為對象，早幾年某黨把黨員年齡降低為十六歲，其動機便是向國民黨力量薄弱之處進攻，當時國民黨大起恐慌，幾經研究，後來才決定仍然由青年反共救國團，嚴加防範，相機打擊），於是青年反共救國團，便在這種需求之下應運而生。

根據青年反共救國團，在一九五八年二月五日公開發表的〈告全國團員書〉中說：「民國四十二年七月三十一日，行政院為實現文武合一的教育政策，培養術德兼備的優秀人才，乃頒令『台灣省高級中等學校及專科以上學校學生，軍訓實施辦法』限令高中以上學校學生，一律接受在校軍訓，並規定由國防部成立救國團，負責實施學校軍訓。」

如此說來，救國團的成立，應該是完全為了實施學校軍訓了，但當一九六〇年七月一日起，高中以上學校軍訓工作，劃歸教育部軍訓處處理，並將原在救國團工作的有關軍訓人員，也全部併入教育部之後，救國團的存在基礎，業經根本消失，為什麼直到今天還是照舊那樣轟轟烈烈，沒有損其毫髮呢？（軍訓部分劃歸教育部，並將原班人馬搬去，等於軍隊由甲地調至乙地，戰鬥力仍舊保持，半點也不吃虧。）原來為了實施軍訓而成立救國團這個理由，純粹是太子先生玩的煙幕手法，那只是他成立該團的一個官式藉口，骨子裡的目的則是：

積極方面：以各種方法引誘青年入其掌握，並有計劃的造成對他們父子的個人崇拜。

消極方面：防止青年為異黨或異己份子所利用，削弱自己力量，妨礙竊國大計。所以不管他的花樣如何千變萬化，但萬變不離其宗，總是繞著這兩個目標打圈子，如果我們把該團的全部業務稍加分析，便可澈底明瞭。

青年反共救國團的內部情形是這樣的：

太子先生自兼主任，副主任為胡軌、鄧傳楷等，下設秘書室，由嫡系大將李煥任秘書，代太子先生負實際責任，大權遠在各副主任之上。所以台灣一般人形容太子先生的得力人物，有「文有李煥，武有王昇」之說，足見他是如何為太子重視了。

秘書室之外，設有五個組，分別管理組織、訓練、文化、宣傳、青年服務、青年活動及其他事務事項。五組之中，以一、二兩組工作，最為繁重，現在先談第二組：

第二組組長包遵彭，主管業務為文化宣傳，該組的附屬單位計有：幼獅月刊社、幼獅通訊社、幼獅廣播電台、幼獅出版公司、幼獅文藝、青年寫作協會等。包遵彭自己還兼了一個屬於教育部的歷史博物館館長（當然是太子先生配合工作向教育部要來的），這些單位，都是麻醉青年思想的有力工具，大家有目共睹，不必多贅。

說到青年寫作協會，忽然使我想起一個有趣的小故事，本來台灣的文藝界，早有一個叫做「中國文藝協會」的組織的，這個組織，成立很早，人也最多，是由當時的立法院長張道藩和他的大將立法委員陳紀瀅負責主持的。在台灣從事寫作的人，差不多十之八九都已網羅在內。不過因為陳紀瀅的作風欠佳，一味利用「文協」假公濟私，因而便有一部分不甘作尾巴的人，起而反對。拉攏作家，也是青年反共救國團第二組的業務之一，既不能把「文協」這個組織據為己有，只好另起爐灶和它「唱對台」，現在「文協」既鬧內鬨，有機可乘，於是他們便利用那班人，組織了一個「青年寫作協會」（名為青年，其實是老少不拘，連王平陵先生六十多歲的人，一樣也算是青年作家呢！）和「文協」對抗。因為這個組織，是屬於太子先生的勢力範圍，太子的身分是陸軍中將（當時還未升上將），所以有些文藝界的朋友們，非常幽默的稱該會為「武協」，此後「文協」和「武協」，明爭暗鬥，非常熱鬧。

「武協」成立之後，雖也拉攏不少人，但總不及「文協」聲勢之強，尤其女作家們，看不慣太子先生的蠻橫作風，參加的人，更是寥寥無幾。台灣的文藝界，有個特殊現象，就是女作家相當多，而且平均看來，在寫作的成就上，和男作家們比較起來，似乎有過之而無不及。於是他們腦筋一轉，又在女作家身上打起主意來，由救國團組長兼台灣省黨部總幹事的太子嫡系女將軍許素玉出馬，成立一個「婦女寫作協會」，完全以性別作號召，這一著果然不錯，喜愛寫作的太太小姐們，紛紛加入，成了溶文、武二協於一爐的一個混合組織，於是台灣的文藝界，除了「文協」、「武協」之外，又多一個「婦協」，表面上成了鼎足三分的局面，實際上則是「武協」和「婦協」結成聯合戰線，對抗「文協」。

其次再談第一組：

第一組組長曾憲鎔，主管組織和青年活動等業務，每年暑期各種活動以及大規模的戰鬥訓練，都是該組主辦。曾憲鎔也是太子嫡系中最得力幹部之一。

救國團的組織，是以學校為單位，每一縣市，設立一個支隊部，負責處理全縣市有關事務，其下每一中學（有高中者）設一大隊，再下為分隊、小隊，和軍隊組織差不多，主其事者為訓導處，下設訓育組和生活管理組、訓導主任、訓育組長、生活管理組長和軍訓教官（人數多寡視班次而定），便是其中的主要負責人。他們多半都是太子派中人（至少也是他們信得過的人）在學校中他們是最具權威的人物了，尤其當校長是個「圈外人」的時候。

由於行政院頒佈的「台灣省高級中等學校及專科以上學校學生軍訓實施辦法」明白規定：凡是高中以上學校學生，一律接受在校軍訓，所以學生一進入高中一年級，便自然而然地成了當然團員，此後的考核、管理工作，就落在訓導處一班人身上。他們利用經常接近學生的機會，一面向他們灌輸有利於蔣氏父子的政治意識，一面暗地考察他們有無相反的思想言行。最可怕的，他們為了達到目的，竟卑鄙到利用純潔的學生們，作他們的鷹犬，祕密監視同學們的生活言行，隨時向他們報告，使青年們未入社會，便已捲入這罪惡的勾當，可謂惡毒之至！

他們又利用職務上的便利，或限定範圍要學生們作週記發表觀感，或針對當時某種事件作時事測驗（如雷震被捕時，各學校都奉救國團指示作此類測驗，一以測驗學生反應，一以企圖用謊言抹煞事實，遮掩他們的誣陷醜行），測驗如不及格，作一門主課不及格論。所以學生們除了注意功課之外，還須留心時事，其目的只是替無數青年，戴上他們自製的有色眼鏡，以便看問題時，能夠和他們的觀點一致而已。

這裡且舉出一件實例，以見一斑：

台灣省嘉義縣六腳鄉灣北村的陳調榮，有一個兒子陳英賢，就讀於嘉義縣立大林中學梅山分部，初中三年級平班，當一九六〇年四月下旬，各縣市第四屆縣市長選舉結束後，該班級任導師鐘獻元以「本屆選舉之感想」為題，命學生作周記。陳英賢作的大意是：「本縣這屆國民黨提名的候選人，是黃宗焜先生，但他在過去三年任內，並沒有甚麼貢獻，國民黨何必用種種不民主的手段，欺騙縣民來投黃宗焜的票呢？今天一般縣民都很同情青年黨籍的許竹模先生，我也是其中之一，如果政府的官吏，都由國民黨人幹完，還談什麼民主政治呢？」

這段文字，在一般人看來，本來是平淡的很，值不得大驚小怪，但到了「別有用心」人的眼裡，卻認為大逆不道，除了導師鐘獻元加以「思想不正確」的評語外，並有的教員在朝會上公開說他「思想有問題」，主張把他開除學籍，還將他毆打一頓，結果由訓導會議決定將陳英賢開除學籍。

試想陳英賢只是初中三年級的學生，還沒有踏進救國團的大門，還不夠團員資格，在學校裡已被該團分子如此的監視、宰割了，一旦成為正式團員之後，所受控制的程度如何，自然不問可知了！

青年反共救國團，在台灣中等學校間，已樹立起了無上權威，本來中學校長的任免權，完全操之在教育廳內，但現在卻成了喧賓奪主，關於人事異動，教育廳反而處處要向該團請教了，尤其是幾個重要學校（如成功、建國等）校長一職，更非和太子先生有直接關係不可。甚至想在一個較好的學校做一個教員，也要走該團的路線，可憐一般忠於教育崗位，沒有政治背景的先生們，在這種烏煙瘴氣的教育環境下，只好忍氣吞聲，苟延殘喘了！

關於該團的青年活動方面，可真算是多彩多姿，其規模之大，動員人力、物力之多，可以說是古今中外教育史上所未有。即以去年（一九六〇）暑期活動而論，自七月二十一日起，該團舉辦「青年學術年會」，計有理工、農學、文史、法政、教育、醫學等六大部門，參加的學生共有三十八個隊之多。年會的活動還未結束，又於八月二日開始舉辦一年一度大規模的暑期戰鬥訓練，組織了三十三個戰鬥隊，浪費的人力、物力，簡直無法估計。

暑期戰鬥訓練，是救國團全年工作的重心所在，也是太子先生的得意傑作，每年到了這時，便把其他工作暫時擱起，集中全力，攏絡這批青年學生。戰訓隊名目之多，簡直叫人眼花繚亂，例如：有學習騎術的駿馬隊，學習滑翔的滑翔隊，學習游泳的海洋隊，駕駛戰車的駕駛隊，學習無線電通訊的通訊隊……此外形形色色，不一而足，總之海、陸、空三軍所屬的每一兵種，都要配屬若干戰訓隊，到他們營中學習、共同生活，真個鬧得天翻地覆，神鬼不安！

戰鬥訓練雖僅短短幾個星期，但三軍方面為了接待這批客人，卻要全體動員，忙得個不亦樂乎。本來軍事機關，一貫被列為國防禁地，不容外人參觀的，現在不但允許千萬學生隨便參觀，而且所有武器槍械，也都任由他們練習使用，這確是一件空前未有的創舉。試問除了太子先生，誰有這樣的通天本領？

很多人懷疑戰鬥訓練的效果，認為耗費人力，物力太多，得不償失，有的人更激烈的反對，但不論外界怎樣批評、反對，該團依然我行我素，每年照例舉辦。我以為批評或反對的人，始終沒有發現太子先生舉辦暑期青年各種活動的真正動機，他既不要青年們相聚一堂，交換知識，互作他山之錯，也不是要他們學習各種軍事技術，備為國家他日之用，他的唯一目的只是：找個機會和青年們接觸滿足他們的虛榮心，培養他們的向心力，而便於自己掌握、控制。因此便用許多社會上無法獲得的新奇事物，吸引青年，以廣招徠。年輕的小夥子們，差不多個個愛好新奇，喜歡熱鬧，而又虛榮心重，太子先生便以這些東西，投其所好以誘惑他們。於是千萬個純潔的男女青年，便於不知不覺中，一批一批地走向太子先生的「勢力圈」中去了！

# 六、蔣經國怎樣挾天子令諸侯

報載一九六〇年四月二十三日，美國著名評論家之一的甘露德先生，曾在紐約《前鋒論壇報》上發表一文，題為〈誰統治台灣？〉文中一段這樣說：「……中華民國政府的基礎，已經逐漸擴大了……在今年四月台省各縣市長和議員的選舉中，候選人有十之八九都是台灣省人，這些候選人中的大多數，又都是國民黨員……」

甘露德先生是政府遷台後，「中美心戰合作」中的第一個美方代表，他是一個「中國通」，以前曾在華北住過很久，能說一口不太壞的中國話，抗日時期在國際宣傳處服務過。他於一九五一年到台灣，以西方企業公司（即NACC前身）的名義為掩護，代表美方會同我們進行對中共的心理作戰工作。我和他每個星期開會一次，幾達二年之久，所以對他還不陌生。他對中國很好，視中國大陸為第二故鄉，回國的時候，還希望我們隨時供給他各種有關資料，好替我們撰寫比較有利的宣傳文章。那篇〈誰統治台灣？〉恐怕也是這種文章之一。

甘露德先生雖在台灣住了兩、三年，並且經常和「圈子」裡的人打交道，然而他還是只能在「小鐵幕」的週邊觀察、流覽，根本無法登堂入室，窺見其中真象，即令偶爾找到一、兩個小洞，也不過只能以管窺豹似的見其一斑罷了。

甘露德先生在那篇文章裡，強調一九六〇年四月，台灣省各縣市長和議員的選舉中，候選人有十之八九都是台灣人，而且大多數都是國民黨員，認為今天的國民黨，業已大非昔比，黨內已有了很多的台籍黨員，今後即令再有人說國民黨統治台灣，也算不得什麼，因為這裡面也含有台灣人統治台灣的意義在內的。

在太子先生完成了竊國部署，把軍隊、特工、黨務、青年四種力量，都先後掌握在手之後，天真的甘露德先生，居然還認為國民黨政府基礎業已逐漸擴大，統治台灣的也有台灣人在內，並不是國民黨獨裁；這種論據，距離事實何止十萬八千里？我想如果不是他過於感情用事，便是上了別人的當，把虛偽的宣傳資料，當做事實，所以才擺出這個烏龍來。

究竟是誰統治台灣？且讓我告訴甘露德先生一個事實：

在一九五七年五月那次「中全會」尚未舉行之前，中央黨部以秘書長張厲生先生和副秘書長周宏濤先生（二人都是擁陳派）為主，醞釀著取消第六組，理由是第六組是到台之後新增的一個單位，它的業務和其他單位有重複或權責不清之處，應該再予以合理的劃分，準備以修改中央委員會組織法的方式，把第六組瓜分。

這個提案經過數度討論，大勢所趨，都是走向「取消」的道路的，最後終於經中央常務委員會議通過，而成為定案了，眼看就要向大會提出，當時可真的把第六組主任、太子的紅人——陳建中急壞了，除了發動所有關係找人幫忙之外，還要我和第四室總幹事黃紹祖，漏夜分頭請託我們熟悉的代表們，在大會上支持保留第六組的主張。「政治」這個東西，真是最現實不過的，當大家曉得這是中央黨部兩位有力者的主張，而且是出自更有力者的授意時，權衡利害之後，認為事不關己，第六組取消與否，是中央黨部的工作技術問題，無關國家大計，犯不著為了陳建中而自討沒趣！因此大家都不肯為第六組捧場。開會的頭一天，陳建中那種患得患失的神態，簡直如喪考妣，最後只得向太子哭訴，並且附帶告了周宏濤一狀，說這些安排，全是他的主張。

第二天上午許多案子都順利地討論過了，下午便輪到修改中央黨部組織法，與會的人都以興奮而又新奇的心情，靜待這幕好戲上演。不料開會的時間剛到，老先生突然御駕親臨主持了（這是許多年來僅有的一次），當討論到第六組部分時，由秘書長張厲生先生站起來說明提案的理由和審查意見，但僅說到六組的社會調查業務，移歸五組時，老先生便截斷了說：「好了，其餘的照舊好了。」預料中的一場緊張、激烈的舌戰場面，竟在輕鬆無比的兩、三分鐘裡結束，不禁令人大失所望。此案討論過後，老先生便悠然離開會場，太子先生也滿面春風地跟了出去。

事後，大家認為這是蔣、陳鬥法最精彩的一幕，並且慨嘆說：「還是蔣先生有辦法，怪不得事前那樣沉著，原來早已胸有成竹了！」

周宏濤先生不久便被派為財政部次長，相信和那次鬥法是有其因果關係的。

這是太子先生利用其老子出面，替自己解決問題，最表面化的一次，平時在暗中運用的，自必所在多有，不過那是他們父子之間的祕密交易，外人自然不易得知了。

太子先生控制了軍隊、特工、黨務、青年之後，已成了「打遍台灣無敵手」的第一號巨人，令旗指處，無敵不敗，無堅不摧，縱然偶爾遇到困難，也可以演一幕「挾天子令諸侯」的拿手好戲，一切問題，均可迎刃而解。他又派些心腹，包圍在「老子」的身邊（如前任總統侍從秘書，現任中央黨部第四組副主任的楚崧秋，便是太子此種佈置之一例），一切重要文件，太子必先過目，凡對於太子不利者根本不往上轉（其實轉上去也不發生作用），他的權勢之大，在歷史上是罕有其匹的，他是嚴嵩加魏忠賢，再加上嚴、魏二人所無的父子關係，便等於現在的蔣經國，我相信目前台灣政壇上，除了陳誠先生還有限度地（也只是有限度地，因為在太子挾天子令諸侯的時候，他一樣也要受到太子的支配，政治行動委員這個地下小朝廷，直到現在對陳還是一個祕密）不太受他的勢力影響之外，其餘衮衮諸公，很少不在太子先生的「政治威力半徑」以內的了。

太子先生現在的正式頭銜，是行政院政務委員會委員，也就是大家慣稱的「不管部部長」，我以為這個稱呼，僅只對了一半，確切的稱呼，應該加上「無所」二字，這樣便成為「無所不管部部長」。試想他以星羅棋佈、蜘蛛網般的各種組織，控制著軍隊、特務、黨員、警察、法官、婦女、公教人員、青年學生、退伍軍人、以及整個社會，恰如水銀瀉地，無孔不入；他又可以用分身的手法（派個心腹作為代表，就等於太子第二），無所不在。如果甘露德先生現在問我：「誰統治台灣？」我會毫不遲疑地這樣回答：「蔣經國先生！」

太子先生時常以無限遺憾的口吻向人表示：「我不幸生而為總統的兒子……」聽他的語氣，好像因為他是總統的兒子，所以才限制了他的發展。妨礙了他的前途，埋沒了他的天才似的。照他的說法，假如生他的人不是總統，而是一個普通商民，那麼他的成就，一定會比現在超過千百倍不止，不但大陸不會被中共奪去，說不定早把中共征服，作了亞洲的盟主進而與甘乃迪、赫魯雪夫諸人爭一日之短長了。這話豪則豪矣，只是不才如我，對他這番「怪論」始終無法理解。試問「經國先生！你文不能提筆（太子批公事，照例用紅、藍、鉛筆隨便一劃，或歪歪斜斜寫上一個「經」字，其水準和小學生差不多），武不能打仗（太子先生雖然貴為國家上將，卻從未上過戰場），作公務員不懂公事，作工人不夠氣力，加上閣下那副尊容，活像一頭蠢豬，假如你不是總統的兒子，當你以共產黨員的身分，自俄國回來時，既不向政府自首，又不辦理脫黨手續，恐怕早已為治安機關捉去殺掉，還會派你為贛南行政督察專員，而讓你為所欲為嗎？

「假如你不是總統的兒子，會派你充當幹部學校的教育長，讓你培植個人幹部嗎？」

「假如你不是總統的兒子，會讓你包辦軍隊政工，掌握這支僅有的軍隊嗎？」

「假如你不是總統的兒子，會讓你設立『政治行動委員會』，掌握特工、憲兵、警察、黨員和青年學生，組織『地下小朝廷』嗎？」

「假如你不是總統的兒子，那些比你的資格既老，功勳也比你更高的許許多多大人先生們，會一個個奔競於『東宮』之門，唯你的馬首是瞻嗎？」

「假如你不是總統的兒子，會讓你『挾天子令諸侯』嗎？」

「假如你不是總統的兒子，令尊大人以垂暮之年，會甘心違憲，不惜受歷史指摘，僅僅為了個勞什子虛名，而讓你坐享『總統』之實嗎？」

「先生休矣！從前我只以為你的魔術手法，舉世無雙，不料，你的『怪論』竟也如此精彩，可惜你不屑於賺那幾文稿費，假如萬一你被台灣人趕得無路可走，我建議你大可來香港寫『怪論』文章，我敢保證你的叫座力量，一定不會在這裡的『怪論』專家們之下呢！」

# 七、蔣經國怎樣用人

太子先生到了台灣之後，由於老子的全力扶植，短短的幾年工夫，便把黨、政、軍、特各種力量，掌握了大半，所需的各種各級幹部，因而也飛躍增加。過去他在大陸，並沒有甚麼了不起的事業基礎，有之，也不過是在贛南行政專員時期，中央幹部學校教育長時期，青年遠征軍政治部主任時期一些幹部而已。但那些幹部既沒有全部來台，其中又有遠近親疏之分，所以他所掌握的那些無數機關、組織所需的無數形形色色工作人員，遠非他原有的那班人馬所能應付得了，因此，只好就地取材，在他所接管的機關、組織中，選擇任用，藉以彌補自己幹部之不足。

太子先生的幹部，雖然人數眾多，背景複雜，但仔細分析起來，不外下面七個系統：

## （一）贛南系

這是太子先生任江西省第四區行政督察專員時，在贛州赤硃嶺辦的青年幹部訓練班，畢業的一批學生，該班由太子自兼主任，隊長是乃弟二太子蔣緯國。這是太子自俄國回來後，置身中國政壇的第一批幹部，相處時間最久，信任最專，在太子的「小朝廷」中，人數雖然最少，勢力卻是最大，是目前太子派中的「核心」組織。王昇、江國棟、李德廉、蕭昌樂（二人均在東京工作）等，都是其中重要人物。

## （二）幹校系

這是屬於中央幹部學校畢業的一批學生，其中又有研究部與正科之分，太子曾任該校教育長，因而這班人也成了他的核心幹部。此系的主要人物計有羅才榮、江海東、楚崧秋、李煥、陳元、曾憲鎔、包遵彭、蔣廉儒等。

## （三）政工系

這是太子先生充任國防部總政治部主任之後，在各級政工組織中工作的一批幹部，他們有的是在大陸時便幹這一行，有的是在北投復興崗政工幹部學校畢業的學生，有的是來自「軍統」或「中統」的特務人員（軍中保防工作都是這批人負責），分子複雜，以中、下級幹部佔多數，屬於太子派的「外圍」組織。

## （四）特工系

這是太子先生成立政治行動委員會，把所有特務機關兼併之後，接收過來的全部「特工」幹部，其中包括「軍統」、「中統」、「憲兵」、「二廳」、「警察」、「保安」、「外事」等許許多多特工系統，除極少數特殊分子外，均為中下級幹部，亦屬於太子派的「外圍」之列。

## （五）黨工系

這是太子先生側身黨務工作操縱黨務後，所接收的或見風轉舵的一批幹部，人數不多（軍除黨部人員，屬於政工系統，故不列入此系），亦為「外圍」性質。

## （六）留俄系

這些都算是太子的同學，資格雖老，卻很少受到太子重視，所以此系人物，失意的居多，力量不大。重要人物有張師、卜道明、王崇五、嚴靈峰等，其中以現任太子駐港代表的嚴靈峰（以執教珠海書院為掩護）較為太子重視，但仍屬「外圍」分子，算不得「核心」人物。

## （七）其他

這是不屬於任何派系，沒有任何背景，奉公守法，埋頭苦幹的老實分子，他們多屬低級幹部，或為技術人員，終年出盡牛力，卻永無出頭的日子，其身分則連「外圍」也不如了。

以上是太子派的七大系統，贛南系和幹校系屬於「核心」幹部，以親屬關係為喻，他們等於太子的親生兒女，愛護關切，無微不至，可謂天之驕子。政工系、特工系和黨工系，人數最多，占太子幹部總額十之七、八，是太子事業上的骨幹，雖然如此，但因他們都是半途投靠，不是自己親生，無論如何聰慧，等於一個後母的「前房兒女」無論如何聰明可愛，勤快聽話，但和自己的親生兒女比較起來，到底遠了一層，所以只能算是「外圍」關係，留俄系也是這樣。其他一類，則更遠一層。只能算是名義上的「過房兒女」，更在「外圍」之外，痛癢無關了。

如果用圖解說明這些關係，便是下面這個樣子：

太子先生的幹部，既有親疏、新舊、遠近、厚薄之分，任用起來，當然也有高低、大小、先後、輕重之別，他的障眼手法，雖是光怪陸離，變化多端，但我們給他仔細歸納起來，也不外乎下面六種原則：

## （一）重用親信

他對核心幹部特別重視，事例甚多，不必列舉。

## （二）安撫元老

這裡所說的元老，是指特工部門，而非所謂黨國元老。如他對已故的國家安全局長兼中央第二組主任的鄭介民將軍，和國防部情報局長毛人鳳先生，以及現任國防部技術實驗室主任魏大銘先生，都是始終如一，信任有加。但這並不等於太子先生已把他們推心置腹地視作核心幹部，而是迫於當時情勢，非借重他們幾位不可，譬如去了鄭、毛二位，他便無法統馭「軍統」的千萬工作人員，去了魏大銘先生，他便無法取得富有軍事價值的，有關共軍行動方面的技術情報。

此外，對於前司法行政部調查局局長季源溥，也是採取同樣手法，在將他免去局長之後，還給他一個內政部次長的職位，作為安撫的禮物。至於對付軍事方面的元老宿將，則採用另一種手段，不但不加安撫，反而千方百計予以打擊，以免在他竊奪軍權時，阻礙手腳。

## （三）提拔新人

太子先生提拔新人，並非基於「人才主義」立場，也不是由於「新陳代謝」觀點，而是完全起自易於掌握的自私動機，這種措施，在軍事方面表現得最為明顯，如彭孟緝、黎玉璽、陳嘉尚等，黨和特工方面的第六組主任陳建中，和第二組主任兼國防部情報局局長的葉翔之，都是其中的幸運兒。

## （四）利用投靠

太子先生對於雖非自己基本幹部，但尚有剩餘價值可資利用的投靠分子，也必儘量加以利用，如對前總政治部副主任張彝鼎，中央黨部副秘書長兼救國團副主任鄧傳楷，中央第三組主任兼司法行政部部長鄭彥棻以及台灣省黨部主任委員上官業佑等，都是屬於此類人物。

## （五）排除偶像

中國的偶像人物，自然以「偉大領袖」為第一，太子先生為了繼承大統，也想把自己造成和老子一樣的偶像地位，「同行是冤家」，於是凡是稍具偶像條件，或擁有群眾而有領導作用的人物，都成了太子的眼中釘，為了免除後患，一定非把他澈底打垮不可。例如：

1. 陳立夫：

這位在大陸時期一手主持國民黨黨務前後幾達二十年的風雲人物，當時的聲勢，雖然趕不上今日的太子，卻也是炙手可熱，所以有「蔣家天下陳家黨」之說。本來他是最得到老先生的寵信的，不過到了台灣之後，由於老先生決意竊國傳子，而陳立夫無論在黨務、特工、青年各方面都具有極大的影響力，恰是父子竊國陰謀的最大障礙，所以不久便遭受了放逐異國的悲慘命運。一九四九年冬他曾在石牌訓練班講話，除了講述他的「唯生論」外，又解釋CC派系根本不存在，並以開玩笑的口吻說：「如果現在有人硬說有CC的話，那便是指我和陳辭修先生了。」過了不久便被迫去國。

2. 白崇禧：

這是黨中著名將領之一，也是「桂系」的領導人物，由於過去的恩恩怨怨，當大陸撤退時，雖然和他的老搭擋李宗仁分道揚鑣，仍不能見諒於老先生，太子先生時時防他東山再起，當我們和美方研商對匪心戰工作時，為了號召回教同胞起而反共，他們主張用白崇禧將軍的名義，印製傳單，向回胞地區，大量空投，不料，傳單印成之後，太子先生知道了，馬上禁止使用，後來只好再用馬呈祥先生的名義另製傳單。僅此一端，便知道對白崇禧將軍防範之密與用心之苦了。（美方又曾再三建議，邀請張發奎將軍赴台，太子先生均不置理。）

3. 何應欽：

這是過去中國軍事領袖中僅次於老先生的風雲人物，老先生對他二十多年寵信不衰，只因為就了一任李代總統時的行政院長，便被棄如敝屣（這又證明凡是做蔣家官的人，便應該永遠做蔣家的奴才，否則就是叛逆、蔣奸。）早幾年老先生還有意起用他，但都為太子阻止，所以他只能以其餘生為道德重整會服務了。

4. 鄧文儀：

在大陸時期，也走過一段鴻運，而且又做過一任政工局長，在政工組織中擁有不少幹部，按說軍中政工恢復之後，無論如何，都應該讓他參加才是。不知太子的目的，乃是澈底毀滅過去的封建關係，焉能再讓它死灰復燃？於是鄧文儀也只好守在內政部這個徒具外形的冷衙門了。

5. 陶一珊：

最初太子對他並無愛憎，因為他做了幾年警務處長之後，得意忘形，妄想在警察界形成一支力量，並在「全代會」選舉中央委員時，小試牛刀，因而鋒芒畢露致招太子的大忌。

6. 潘其武：

國防部情報局副局長，是毛人鳳先生的左右手，當一九五六年毛局長病逝的時候，一般人都以為繼任人選應該除潘之外，沒有別人了，不料太子竟發表命令，派當時尚在美國訪問的中央第六組主任張炎元先生接充。太子先生不讓潘副局長升充局長的原因，便是為了他和的關係。

該局的工作人員關係太深的緣故（而且潘過去是青年黨黨員，與曾琦的關係更深）。此外，如桂永清、孫立人、王叔銘、葉秀峰等之遭受排斥，都是因為他們擁有群眾而具有偶像雛型的關係。

## （六）排斥異己

凡不屬於太子派範圍，而高踞要職，足以妨礙太子勢力的發展的，他必用盡一切手段將其除去，此例極多，不勝枚舉。

太子先生在對人方面，因為有上述六種原則，所以表現於行動方面的更是多彩多姿，因時、因地、因人而各異其趣。分析起來，約有下列七類：

## （一）顛撲不破類

這是太子派的核心人物，太子對他們信任最專，無論在任何情形之下都不會動搖。屬於此類人物計有：王昇、江國棟、江海東、蔣堅忍、李煥、陳元、楚崧秋等。這裡有幾個人，應該特別提出介紹一下：

1. 王昇：

他以一個短期訓練班出身的青年，二十年來和太子先生如影隨形，寵信有加，初到台灣之時，還只是一個中校，現在不僅身膺國防部總政治部少將副主任的要職，而且在黨的方面，又當選為中央委員，成了太子左右的第一紅人，真正是炙手可熱，人人側目。究竟是靠了什麼特殊力量，能有這樣的成就呢？相信許多人都一定莫名其妙，原來據說這裡面卻隱藏著一個不可告人的祕密。

上面說過，贛南訓練班是太子兄弟二人主持的，那時老先生的「領袖」地位，早經形成，兄弟二人既是「領袖」的兒子，又可能是「領袖」的繼承人，有機會和他們攪在一起，可算是非常的際遇，於是人人都抱著「攀龍附鳳」的特殊心情，投入太子旗下。王昇便是其中之一。

王昇雖然讀書有限，頭腦卻異常靈活，所以在赤硃嶺上，不久便成為領袖人物。那時太子兄弟都是二十幾歲血氣方剛的青年，他們便利用女生為香餌，處心積慮，釣取這兩條大魚，他們乘「打野外」的最佳機會，在密林幽洞之中，由女生們有計劃地主動攻擊，兄弟二人果然都先後落入粉紅色的網裡。

當時有一女生，名喚章亞若，曾為太子生了兩個「太孫」（當然不是蔣孝文），所生兩個兒子，現在還在桃園大溪和姚夫人（蔣緯國的母親）住在一起。王昇在此案中是太子的軍師，其所以始終寵信不衰者，便是因為這些關係。

## 2. 江海東：

軍人之友總社成立後，太子便派他為總幹事。該社是一個為軍人服務的半官式組織，所有勞軍捐款，全由該社經手，每年收支數字龐大異常。江海東仗著是太子心腹，又善於向「太子妃」番婆蔣方良獻殷勤，得到她的撐腰，越發有恃無恐，混水摸魚，先後以數十萬台幣，蓋了兩座花園洋房，租給美國人居住。雖然人言嘖嘖，但因為他的後台強硬，誰也不敢「太歲頭上動土」。直到一九五四年台北華美協進會，由飛虎夫人陳香梅女士主辦的時裝表演會，被江海東率同「太孫」蔣孝文，搗毀會場，阻止表演，引起台北的外交使節大為不滿，老先生赫然震怒，把他痛罵一頓，關進監獄，並下令永遠不准敘用。這事若是換了別人，恐怕最少也要關上三、五年（無人敢放），而且永無再起之日，但江海東畢竟是太子愛將，過了不久，太子先生便把他偷偷釋放（只瞞著老先生一人），並公然派他為總政治部設計委員會的副主任委員，連老子的命令也視若無睹了。

## 3. 楚崧秋：

韓戰初期，在東京盟軍總部充當譯員，後來因為走私套匯，為「盟總」查出解雇，這事若在別人，回國之後一定會受處分，但楚崧秋因為是太子嫡系，回到台北，不僅沒有受到絲毫處分，太子先生反派他作了老先生的侍從秘書，每日跟在老先生左右，寸步不離，成了一個最機要的人物。前兩年又調為中央第四組副主任，直到今天。

## （二）加意栽培類

這一類有的是原屬太子派的核心份子，也有的是中途歸附太子而為他特別喜愛的人物，但都是太子有計劃地刻意栽培，而扶搖直上的。這類的代表人物有彭孟緝（詳第二章）陳建中（詳《我為什麼脫離台灣國民黨》一書）葉翔之、沈之岳、沈錡等。彭、陳二人已另文詳述，現在把葉、沈等人略作介紹如下：

### 1. 葉翔之：

浙江人，日本早稻田大學畢業。由軍隊政工為戴雨農先生賞識，吸收入軍統局，歷任科長、秘書等職。到台之後，初任國防部保密局（現為情報局）處長，後調政治行動委員會敵後工作處處長（此部分業務後移歸中央第二組）不久又調為國防部大陸工作處副處長，該處取消後，專任中央黨部第二組副主任，現任國防部情報局局長兼中央第二組主任，一手包辦敵後工作，官運亨通，不讓陳建中專美於前。

### 2. 沈之岳：

浙江人，軍統局工作人員，抗戰初期，奉戴雨農先生命，打入中共抗日大學受訓，由於偽裝成功，始終未被中共看破。此段經歷，極為老先生所欣賞，認為他是中共問題專家。調入政治行動委員會時，初任石牌訓練班副主任，繼調大陳守軍（胡宗南部）政治部主任，調查局督察室主任，又調國防大學受訓，畢業後，由中央二組派為香港工作站負責人，一九五九年調為司法行政部調查局副局長，官位雖不及葉翔之之高，而太子對他的寵信則有過之。

3. 沈錡：

由總統府秘書，而隨太子赴美一行，遂被重視，後派為新聞局長，由中央第四組副主任而主任，而駐剛果大使，其際運之隆，相信將是第二個沈昌煥。

## （三）聽其自然類

聽其自然者，乃指太子先生對某些人，並無特別愛憎，雖然在擴大勢力範圍的角度上看，應該早日取而代之，但又不願操之過急，而其人還有可供利用的價值，且亦不足為患，此種手法，多用以對付資深望重之元老派，如鄭介民將軍、毛人鳳先生、張鎮將軍（三人均係卒於工作崗位）、黃珍吾將軍（黃之被撤，情形特殊，非太子主動）、唐縱先生、魏大銘先生等。

## （四）伺機而動類

太子先生對於此類人物，根本不具好感，但又有所顧忌不便貿然開刀，只好等待機會到時，再來動手。如陶一珊、葉秀峰、季源溥、張慶恩（現任調查局長，他之能任此職，全係歷史關係，相信不久必遭淘汰）都屬此類人物。

## （五）過橋抽板類

此類人物，乃是和太子先生並無特殊關係，但因為他們具有某種價值，太子先生在實現他的計畫之前，非加以利用不可。任務完成之後，便棄如敝屣。如前情報局副局長潘其武，前政治行動委員會書記張師、前石牌訓練班副主任任建鵬，前情報局局長張炎元諸先生，都是屬於此類悲劇角色。

## （六）一觸即發類

這類人物，大多和太子沒有關係，完全憑工作成績爬到所處職位，太子先生對他們也多無愛憎，大家公事公辦，絕無情感可言。同時太子先生也想在他們身上，發揮「殺雞儆猴」的效果，所以即令偶犯小過，或因事觸怒了他，也必小題大做而加倍處罰，藉以樹立自己的威嚴。現在所能想到的實例，計有下列幾件：

1. 魏毅生：

河南人，曾任第十九集團軍調查室主任，上海警備司令部第二處處長，總政治部成立時，任該部第四組組長，主管保防業務，現行的軍中保防制度，都是他所規劃的。太子先生對他很為欣賞，調查局改組時，派他為該局副局長，局長季源溥認為魏是來監視他的，於是暗設圈套，先發制人，特別撥出二十萬台幣，為他建造住宅。魏住入之後，季便對他諷嘲，並且不再對他重視。太子曉得之後，一怒把魏撤職，打入冷宮，不再重用。

2. 鄭修元：

江西人，歷任軍統局秘書、處長，到台後，調任政治行動委員會第一組組長。某年為其太夫人祝壽，在台北市新蓬萊大宴親友，因鋪張過甚，太子指為借母壽斂財，立刻下令予以撤職，並通令所轄範圍一律不准錄用。鄭修元幹了半輩子特工，結果落得如此下場，台灣是太子的天下，太子有令，誰敢不遵？於是再也不能做事了，幸虧他是國大代表身分，還有津貼可拿，否則，更要不堪想像了。

### 3. 熊恩德：

原任國防部第二廳廳長，後調國家安全局副局長，因無住宅，由安全局撥款五十萬元建造官舍。熊任駐外武官甚久，慣於享受，房中設備特別講究，因而超出預算二十餘萬元，請求追加時，太子先生一怒命他立刻遷出，熊方遷入不久，又再遷出，覺得非常難堪，背人不免稍有怨言，太子聞知之後，馬上又把他撤職。

本人因為檢舉中央第六組主任陳建中（詳《我為什麼脫離台灣國民黨》一書）侵吞對敵鬥爭工作經費外匯四十餘萬元港幣，觸怒太子，除將本人立即撤職外，並進行暗殺及驅逐出境等卑鄙勾當！此外前石牌訓練班副主任胡國振，中央第二組總幹事莊心田等人的遭遇，均與此大同小異，其他事例尚多，不勝枚舉。

## （七）知而不用類

此類人物可以唐新為代表。

唐新湖北人，曾任南昌市長，為軍統局之老幹部，為人有才識，有魄力，乃太子所屬單位中罕見之幹練人才，其缺點為恃才傲物，先後充任政治行動委員會研究委員，及該會第一組組長。以能力言，較之太子派之核心幹部，不知超出若干倍，但因個性倔強，不是「以順為正」的妾婦之輩（這是太子最愛的人物），所以始終不為太子所喜。一九五八年曾赴日本、香港等地視察工作，所作報告亦不受重視。後來曾繼王任遠之後，在日本負責，因為缺乏有力人支持，不到一年，即被調回。現已投閒置散，難展所長，真所謂「冠蓋滿京華，斯人獨憔悴」啊！

此外，此類角色尚多，為了節省篇幅，不再列舉。

太子先生用人，因為只講關係，不問才德，賞罰全憑個人的愛憎，如陳建中之侵吞鉅款，楚崧秋之循私套匯，江海東之胡作亂為，因係其心腹幹部，不但袒護包庇，反而寵信有加，更加重用；而魏毅生、鄭修元、熊恩德及本人等，雖所犯情節輕微或全無過失，但因不是他的基本幹部，便予以超重處罰。根本已沒有什麼是非可言了。

太子先生的「小朝廷」中，由於背景第一，關係至上，因而奔競鑽營，蔚成一時風氣，幹部雖多，但都是些唯唯諾諾的奴才，求一諍諍諤諤之士，亦不可得，大家都是「以順為正」以博取主子的歡心，老子如此（徐復觀、雷震、均屬敢言之士，老先生都棄而不用），兒子亦然，真可謂有其父必有其子啊！

太子用人的派系色彩既然如此濃厚，上行下效，他的部下當然也是如此，甚而至於凡是太子的學生，即令不是核心分子，也一樣受人另眼相待。這裡我再列舉一件事實：

黎世芬是中央政校學生，於太子先生雖也有師生之誼，但卻不是他的親信，畢業後，便跟隨老師馬星野在《中央日報》工作，曾任該報總經理、秘書等職。一九五三年秋，為了採訪有關戰俘新聞，由報社派往釜山，和當時在韓主持爭取戰俘工作的陳建中認識了，回台之後，陳建中因為他是太子的學生，為了討好太子，特地向《中央日報》借調黎世芬為第三室總幹事（主管心理作戰業務）。一九五七年陳建中升了第六組主任之後，中央黨部為了實行以外交身分掩護特工人員辦法決定派人赴泰，太子先生便派黎世芬前往。陳建中為了拍太子「龍」屁，自告奮勇願意和國家安全局每月各出美金三百元，作為黎的工作經費。結果每月由安全局出三百元，中央三組出一百九十元，六組出一百五十元，每月共為美金六百四十元，由三個單位共襄盛舉。第六組派赴國外工作的人員，計韓國為每月美金二百元，東京最高為二百元，最低僅五十元，越南為港幣六百元，香港負責人最高僅為港幣九百元，最低一百五十元。黎世芬一人每月所得竟達美金六百四十元之巨，可謂懸殊驚人，其原因只是為了他是太子先生的學生而已，只此一例，足證太子派中的人事問題，是如何的暗無天日了！

最令人不解的，黎世芬在泰國工作了三年多，毫無成績可言，一九六〇年竟變為大陸廣播部主任，最近又派去一位李君，接辦黎的工作，每月全都費用，卻只有美金一百元。

若問何以相差如此之甚？我則答以「這便是『圈內人』和『圈外人』的區別！」

# 八、蔣經國怎樣進行「聯戰」工作

「聯戰」是「聯合戰線」的簡稱，本來和中共的「統戰」是一件事，因為國民黨不願沿用他們的術語（他們犯有一種幼稚的恐共病，凡是中共常用的字句，都要加以改動，例如中共常用「人民」，他們便不敢再碰「人民」二字，改用「民眾」了，此例甚多，不勝枚舉）所以才改此名稱，這個工作是中央第六組主管業務之一。

從前在大陸時，國民黨對這些工作是不感興趣的，所以許許多多的政治集團，都被中共的「統一戰線」統了進去，弄得國民黨形單勢孤，吃虧不小。到了台灣之後，大敗之餘，痛定思痛，那時不僅不敢作收復大陸的奢望，連台灣這塊最後土地能否守得住也毫無把握。大家為了爭取生存機會，差不多都抱著死裡求生的心情，作盡其在我的努力。國民黨在「改造」初期，尚能有一番新氣象，便是因為這個緣故。而「聯戰」工作也是在這種情形之下產生的。

中央改造委員會第六組由唐縱先生組成之後，副主任徐晴嵐極力主張推行「聯合戰線」工作，他的理由是：「共產黨曉得拉朋友助陣和我們鬥爭，我們為什麼不也去拉朋友為我們助陣？過去在大陸時，竟蠢到把可以成為朋友的人，也趕到敵人方面去，那有不失敗的道理？現在我們的力量更小了，也更需要朋友幫忙了，共產黨雖然佔據了大陸，但台灣、海外，甚至大陸內部，到處都有反共的人或組織，我們為了壯大自己，一定要把所有反共的力量，統統拉到我們陣營裡來，粉碎敵人的『統戰』陰謀，然後才有資格和它鬥爭。」

這些意見被老先生接受了，下令研究具體的實施辦法，於是在中央改造委員會之下，成立了一個「中央政治作戰工作會報」（又名聯戰小組）由陳誠、張群、張道藩三位先生共同擔任召集人。其下又依地區劃分為：大陸組（召集人蔣經國）、海外組（召集人鄭彥棻）、港澳組（召集人唐縱，不包括在海外組之內，足見對港澳之重視）和台灣組（召集人陳雪屏），經常舉行會議，研究團結之道。最後決定定期約集各方反共有力人士，舉行一次「反共救國會議」，並由行政院發表聲明，開始籌備。接著通過了「反共抗俄共同綱領」和「反共救國會議組織規程」等重要文件，預定參加會議者為三百人，港澳地區為六十人，同時大部名單大致都已內定，如果不受意外的阻撓，該項會議無疑地決可於一九五二年下半年舉行了。

當時太子先生「竊國」的基本部署，方才開始不久，四種力量，除了「特務」之外，其他三種絲毫也沒有把握，假使真的讓這班反共人士進來與聞國事的話，對於自己的「竊國」計畫，實在有莫大的不便。同時，那時陳辭修先生正在轉變作風，處處表示虛懷若谷，禮賢下士，他又是許多年來大家一致公認的老先生的繼承人，參加會議的人，到了台灣，一定會為他籠絡了去，那時他的聲望，便會一天天增高，對自己更是莫大的威脅。太子有了以上兩種顧慮，再加上美國第七艦隊巡弋台灣海峽，台灣的危機已過，實在沒有再開這種反共救國會議的必要，於是列舉種種理由極力反對。老先生眼見愛子的態度如此，又發覺開這種會，對於他們父子的祕密計畫有百害而無一利，於是便把它擱置起來。這便是這些年來「餘音裊裊不絕如縷」的召開反共救國會議之由來。

假如國際共黨頭子史太林不發動韓戰，美國總統杜魯門不派第七艦隊防守台灣海峽，中共大軍集結在閩海周邊作隨時渡海進擊狀，我敢肯定地說類似「反共救國會議」這種集會，早於八、九年之前便已召開了；無如韓戰一起，第七艦隊一到，把本來風雨飄搖的台灣局面，一夜之間，變成了安如磐石；蔣氏父子一見局勢好轉，於是故態復萌，認為難關已過，何必再和那班窮朋友打交道？這好像一個吝嗇成性的富翁，在遭到強盜威脅時，派人四出向那些窮親戚、窮鄰居求救，等到威脅消失了，他又深深懊悔不該多此一舉，以為請那些窮鬼到家裡來，對於自己只有損失沒有好處，何必做這種傻事？所以想盡方法要把他們拒之於大門之外。何況太子先生別有用心，張炎元先生調主六組之後，該組更成了他的直屬單位之一，「聯戰」業務完全操縱在他手裡，「反共救國會議」當然更無舉行的希望了。

蔣氏父子既然沒有舉行「反共救國會議」的誠意，為什麼這些年來還不時像煞有介事地作出要開之狀呢？坦白地說這是屬於「演技」範圍，他們雖然不準備召開，然而卻又不能斷然封閉此一各方矚目的團結之門，尤其經過老先生正式聲明開出「支票」之後，更不敢冒天下之大不韙而宣佈支票作廢。在這進退維谷的局勢中，只有使出最笨拙的拖延戰術來，使大家多少還抱著一線希望，而不致完全站到反對的方面去。何況在必要時還可以用魚目混珠的欺騙手法，開個似是而非的什麼會議、會談之類來應付一陣呢（這次陽明山會談便是此類性質）。這便是國民黨當局一直對召開「反共救國會議」一事傷透腦筋的真實情形。

記得一九五七年春天，國民黨為了應付《自由中國》雜誌和其他方面的抨擊，又把「反共救國會議」這張久不兌現的支票舊事重提，於是久已停止活動的「聯戰小組」，又把束之高閣的有關卷宗自紙堆中翻出來。在中央黨部會議室由已故的俞鴻鈞先生為主席，鄭重地商討了一次。當時我也在場，不過因為時間過久，各人發言的詳細內容，已不能全記，只記得當時反對與贊成的比率，約為三與一之比，也就是反對召開反共救國會議的人占大多數，他們反對的焦點，都是著眼在不願讓外人分一杯羹，他們認為一九四九年台灣情勢危急的時候，許多人躲在外面觀望，不肯共赴國難，現在危機過去了，又要來坐享其利，天下哪有這樣便宜的事？如果單是邀請各方人士開會談談，把他們的意見作為參考，尚無不可，但決不能有任何約束力。結果，把正反兩項意見並列，報請老先生決定，以後便無下文。

太子先生在那次會議中，始終不表示意見，但我曉得在會場之外，他的意見必最多，最有決定性，我們也可以由老先生的處理態度中看出他的意見是什麼。

當時中央黨部秘書長張厲生先生，一再埋怨「這是誰的主張？弄得我們進退兩難！」他不曉得原案的規劃人，是針對大敵當前，為了團結反共而設計的，後來有了第七艦隊和《中美防衛協定》，情勢完全變了，所以這個方案也被認為「作繭自縛」了。

最初擬議的「反共救國會議」是以團結反共為目標，近些年來國民黨人口頭上的「反共救國會議」，則是以應付海外反共人士的抨擊、責難為目標，好像一個債務人向債權人一期一期地賴債不還，每逢被逼得無法逃避時，便再推一期，為了暫時緩和目前的窘況，不惜信用破產一樣。一九五七年國民黨兩次邀約香港文化界人士赴台觀光，便是這種辦法的具體表現。一九六〇年中央第六組又邀了一批文化人前往台灣，其目的則是為了對付未來的反對黨，希望他們在太子先生的安排下，能在和反對黨人的鬥爭中，收點桴鼓相應之效而已。

至於這次舉行「陽明山會談」的動機，則是因為國際局勢，愈來愈對中國不利，美國的對華態度曖昧不明，兩個中國的謬論叫得震天價響，中國代表有被逐出聯合國之外的可能，於是「急來抱佛腳」，又想起邀人助陣，但又怕被人分一杯羹，所以才有這次非驢非馬的「會談」安排。

「陽明山會談」據官方解釋就是反共救國會議的另一名稱，名雖不同而實質則一，其實這是一派鬼話，骨子裡兩者相較，距離何止十萬八千里？別的不談，單以香港地區的代表而論，除了一面倒向政府者外，試問有一個反共又反蔣的沒有？不特此也，甚至連一向立場反共對政府間作坦率批評的《新生晚報》和友聯出版社，他們也不肯邀請，難道這兩個單位當真不如另幾個拿津貼的報紙夠分量嗎？不然！正是因為他們不拿津貼，在會場中會說他們自己要說的話，而不甘作傳聲筒、應聲蟲而已。所以這次陽明山會談，有人譏為「擁護派會談」，我以為並非過激之論，因為國民黨當局舉行這次會談的目的，不過是以「陽明山會談」這只「魚目」，來混充「反共救國會議」那顆「明珠」，表示它已經實踐了歷次的諾言罷了。

至於黃季陸先生自美國邀回的那十多位留美學人，他們多是書生本色，縱然一本正經地就教育或科學觀點提出些意見，與蔣氏父子「竊國傳子」的大計並無抵觸，樂得予以接受表示開明，可憐那些書呆子們，在這裡波譎雲詭、爾虞我詐卑鄙的政治圈子裡，哪裡看得出蔣氏父子的陰謀詭計（這次陽明山會談，承辦實際業務的是中央第六組，太子的幸臣陳建中又是籌備處的副主任——實際負責人，舉凡邀請人名單，會談內容，各種策略計畫等等，均由該組提出，所以實際上一切都是依照太子的意思安排的）？只是糊裡糊塗地被人像貨品一樣的利用一番，為他們充充門面而已。

最初擬議的反共救國會議，乃是藉著開會的機會，團結各方建成反共的「聯合戰線」，只要是有力的反共人士或組織，都可以聯合在一起，越是反對政府的越是爭取的對象，相反地對於擁護政府的，倒無須多此一舉。試問這次參加陽明山會談的人，有幾個是「聯戰」的真正對象？真正應該邀請的如《聯合評論》、《新生晚報》、友聯出版社等，反而不加理睬，或視為敵人，邀請的多是「捧場」之士，「聯戰」云乎哉！

因為蔣氏父子見風轉舵，所以連帶地使它的「聯戰」工作也跟著完全變了質。關於大陸和海外方面暫且不必說它，現在單把香港和台灣兩個地區的實例提出談談，看看蔣經國一手主持的「聯戰」工作，究竟是些什麼東西：

「聯戰」工作的基本原則不外是：使傾向敵方的人或組織轉為中立，進而傾向於我，使中立的人或組織為我所用，這樣循環消長，敵方的力量便日趨衰弱，我方的力量便相對地日形強大了。根據我在國民黨第六組前後整整六年的實地經驗，我發覺國民黨在蔣經國指揮下的香港聯戰工作所使用的策略是「戰而不聯」，而這個「戰」的對象，卻又不是和他們有不共戴天之仇的中共，而恰是應該和它「聯」成一氣，團結一致共同對付中共的反共人士，這個一百八十度的大轉彎，確是令人震驚，但國民黨方面人士竟習慣成自然地視若無睹，這又不能不使人慨歎環境對人影響之大了！

香港的「聯戰」工作，正當的作法應該是：用各種方法把某些左傾的人（指有可能者）儘可能地爭取過來或使之中立，對於反共的人或組織以及反共又反蔣的人或組織，一律視為友人，誠心誠意和他們團結起來共同對付中共。其實所謂「反共又反蔣」的一班人，都和政府有些淵源的，他們因為望之殷才責之切，縱使批評有過激之處，其動機也還是善意的（火辣辣的抨擊是近兩年來的事，以前並不如此激烈），假使國民黨方面雍容大度，一面反躬自省改正錯誤，一面折節懇商共赴國難，我想當整個國家民族瀕於危亡邊緣的時候，無論是誰也不會拒絕合作而弄得勢同水火的。何況其中主要人物，仍不外青年、民社兩黨人士，兩黨已經同政府合作了，個別黨員縱有問題也不會沒有解決之道。無如國民黨方面多年來一直把老先生尊為神聖（其實是愚民政策），他的一切作為都是對的，太子又是他的愛子，別的都還可以原諒，獨對於膽敢攻擊老先生父子的人，則非打擊到底不可（尤其聯戰工作由太子負責之後）。同時他們認為這些人既無組織，又缺少雄厚的財力支持，充其量不過是「秀才造反」，根本不把他們放在眼裡，於是採取了「戰而不聯」的策略，始而不理，繼而進擊，終而圍攻了。（圍攻開始於《聯合評論》上李璜先生的一句「各行其是」，接著便是反駁《自由中國》半月刊的〈反攻無望論〉，他們認為《自由中國》和《聯合評論》是屬於「聯合戰線」的，所以發動台、港兩地的有關報刊全力圍攻）。而他們所「聯」的都是些「擁蔣的」、「拿津貼的」連當「聯戰」中的配角都不夠資格的腳色。對於「聯戰」中的真正主角，反而視同敵人，可謂輕重不分本末倒置了。

最初我對於太子先生把「聯戰」工作這樣背道而馳的不正常作法，覺得非常詫異，百思不得其解，直到近兩年詳加研究之後，才悟出箇中的祕密來：原來建立「聯合戰線」，是走向民主政治的第一步，蔣氏父子既已決心相繼獨裁下去，還要這討厭的勞什子作甚？然而這個卑鄙計畫是無法向第三者透露的，即令是對最忠實的奴才，也不便說出真象，於是只好由太子親自出馬暗中破壞了。

嗚呼！如此「聯戰」！

# 九、蔣氏父子怎樣構陷雷震

雷震先生以「包庇匪諜」的罪名，陷身縲絏之中，已經一年多了，在將來的歷史記載上，無疑地，這是「風波亭」以後的另一次「莫須有」冤獄！

我和雷震先生並不相識，但由於職務關係，對於他的文章卻讀了不少，當然那時還是站在「蔣家」立場，戴著有色眼鏡來看的，縱然如此，我也看不出他怎麼會「包庇匪諜」，只覺得這人是一個硬漢，在那樣四面楚歌的環境中，仍然不屈不撓為爭自由民主而孤軍奮鬥，雖然彼此處於敵對立場，卻也不禁對他起了幾分同情，欽佩之心！

據殷海光先生說：

……雷震先生是一個「最愚蠢的官僚政客」……在他人生的歷程中，擺著兩條可以任意選擇的道路：第一條……雷震先生從二十歲開始就加入中國國民黨。後來「官運亨通」，一直做到「朝廷命官」，奉命連絡四方，在中國政局震盪之秋，他曾盡力之所及，為在朝黨立過功勞。來台以後，如果他利用他這段歷史，人事關係，和他與政治當道的淵源，那麼，順理成章，他不難也和目前若干夠聰明的知識分子一樣，做起特字號的官兒，錦衣玉食，汽車出進，揚揚自得。他用不著這麼一大把子年紀，每天擠公共汽車，來往於木柵鄉和台北之間。第二條，雷震先生堅持他底「民主憲政」主張，不肯放棄批評這件事，而且硬要組織一個新的政黨。結果，十歲年來，他由被開除黨籍，而被削掉國策顧問崇高的官爵，而遭治安機構看守大門，而被阻撓印刷，而因陳案被控，終至因「叛亂罪嫌」而身陷囹圄。這兩條道路，前一條坦易暢達，對自身有利；後一條險惡不堪，對自身不利。雷震先生偏偏選擇了後一條，敬愛的讀者諸君！雷震不是「最愚蠢的官僚政客」又是什麼？……

……根據十幾年來我和雷震先生接觸所得印象而論，他在政治思想方面是一位十足的「頑固而堅持的憲政主義者」。……我常常覺得他太注意一件一件的瑣事。他和我這樣的人之思想，除了都贊同民主自由以外，距離是很遙遠的。從我底的標準看去，我認為他「太現實」一點。而且，無論他口裡怎樣不滿意國民黨，儘管這十幾年來他已有了不少的改變和進步，同時他和新牌國民黨人很不相同；可是我看來看去，無論在基本的思想形態，行為模式，和待人接物的習慣上，他和老牌國民黨人並沒有根本的差別。以這麼樣的一個人，哪裡造得起反？哪裡會攪「革命」？有什麼危險可言？……

是的，雷震先生決不會造反、攪革命，也決不是共產黨的同路人，如此，也就沒有「包庇匪諜」的可能：因為台灣對於涉有「匪諜」的人，是以最殘酷的手段對付的，所以人人莫不談「諜」色變。試問有沒有一個和「共匪」毫不相干，而竟甘冒著失掉生命的危險，包庇一個明知其為「匪諜」的大傻瓜？我想即令是一個思想左傾的人，恐怕也不會有這樣狂熱的犧牲精神，像雷震先生那樣一個堅決反共，「頑固而堅持的憲政主義者」，又處在被國民黨特務監視得像一座玻璃房子的環境中，他的一言一行都逃不出敵人的耳目，哪裡有「包庇匪諜」的可能？然而他畢竟以「包庇匪諜」的罪名被判處十年徒刑了，雖然人人都知道這是一個天大的冤枉，但雷震先生究竟是怎樣被蔣氏父子構陷的？截止目前為止，還沒有一個人說出個所以然來。住在海外的人瞭解個中祕密的雖也大有人在，但他們都是隱諱掩飾之不暇，怎肯說出真象？所以此時此地能夠有資格揭發這個醜惡罪行的，應該是「捨我其誰」了。

雷震先生最初創辦《自由中國》半月刊的時候，由於他所標榜的四大宗旨的第一項標明「我們要向全國國民宣傳自由與民主的真實價值，並且要督促政府（各級的政府）切實改革政治經濟，努力建立自由民主的社會。」這無異是向國民黨獨裁政權的一種公開挑戰，所以一開始便不為當局所喜，但因發行人來頭甚大，沒有理由不讓他出版，也只好聽其自然。

《自由中國》出版之後，批評政府放言無忌，不久便成了蔣氏父子的眼中釘，這情形到了〈祝壽專號〉而登峰造極。當時國民黨中的一些激烈人士，便要以強硬手段來對付他，但因投鼠忌器，同時也要以《自由中國》的存在來向世人炫耀其台灣也有新聞自由，所以後來未採取行動。

到了〈反攻大陸問題〉（即起訴書中所謂「妄指政府反攻大陸之政策與號召，為自欺欺人之詞，散佈悲觀與無望之論調，意圖瓦解反共抗俄鬥志。）和〈中國人看遠東政策——對美遠東使節的台北會議提幾點坦率建議〉，（即起訴書中所謂「公然要求干涉內政」）幾篇文章一出，蔣氏父子越發恨之入骨，於是發動台、港兩地有關報刊群起圍攻。我以為凡此種種依然無關宏旨，如果雷震先生僅限於在言論文字方面攻擊，而不實際參加組黨行動，相信到今天他還會安然無事。雷震先生失掉自由的唯一原因，乃是因為他參加組織反對黨，犯了蔣氏父子的「大忌」之故。

也許有人懷疑，青年、民社兩黨已經和國民黨並存許多年了，國民黨對他們毫不在乎，現在又怎會在乎這個尚未成形的新黨呢？不錯，國民黨當局對於青年、民社兩黨的確絲毫也未把他們放在眼裡，那是因為它能牢牢控制兩黨之故，本來國民黨之與青年、民社兩黨組織聯合政府，其滑稽之處，有如一個成年人和兩個呀呀學語的嬰孩交朋友，其目的不過是為了湊成多數，免得被人家譏為一黨獨裁而已。其內心根本不希望（正確地說應該是不准許）他們發生任何作用；所以對這兩位正在成長中的小弟弟，根據「鄰國之賢敵國之患」的消長原則，不但用盡方法不使他們長大，還以滲透的手段，監視他們的一切；能杯葛者杯葛之，能破壞者破壞之（國民黨中央六組便是負責這個任務，負責滲透民社黨的葛君，經常和我接觸），使他們永遠不能對自己發生威脅作用。所以兩黨的人員，不僅在地方選舉中備受打擊，即令想在普通機關裡謀一枝棲，也同樣難似登天。試問這叫做什麼合作？這叫做什麼聯合政府？行政院政務委員中雖也為兩黨各留一席，但其性質等於兩具花瓶式的裝飾品，兩黨固然不感興趣，國民黨卻也正中下懷，樂得少了兩個贅瘤。再加上兩黨內部紛爭久不解決（國民黨從中挑撥分化也是重要原因之一），國民黨對他們足以控制自如，如此這般的政黨，縱使再加上十倍、百倍也不足為慮，更何在乎兩個？

再看以台灣人為主籌組中的「中國民主黨」的情形又是怎樣呢？台灣遭受日本統治五十餘年，受日本武士道精神之影響，民情頗為強悍，兇殺之事，時有所聞，「二、二八」事件便是最顯明的例子。而且日本統治時期，固然對台胞壓迫、歧視，但其行政效率，無可否認地較之國民黨實在高明得多，兩相比較，所以有些人對國民黨失望之餘，反而懷念起日本來了。

實行地方自治之後，縣市長及省、縣議員的選舉，馬上成了有政治興趣的地方有力人士的逐鹿目標。由於國民黨實行的乃是一種騙人的「假民主」，掛出的招牌是號稱地方自治的「羊頭」，而實際推出的還是一手包辦的「狗肉」，一心一意要取得選舉的全面勝利，於是利用執政的便利，各種舞弊的手法無所不用其極，選舉是勝利了，但和地方人士的怨毒卻也越來越深了。

一個政黨為了奪取政權或繼續掌握政權，爭取選舉勝利是天經地義的基本權利，誰也不應加以非議，但那是指正當的依法選舉而言，不如是，就無法使對手或選民心悅誠服。更重要的是萬一對方當選了，執政黨方面失敗了，這時，執政黨對於新當選的人，應該馬上捐棄成見，一視同仁，再不可以競選時那種敵對的態度相待了。國民黨許多年來便是犯了這樣的一個最大錯誤，現在讓我以台北市為例加以說明。

當台北市第一任民選市長吳三連先生任期將滿的時候，新的市長候選人有兩大主力：一個是國民黨提出的王民寧先生，另一個是無黨派的高玉樹先生，兩位都是台灣人。但王民寧先生在內地甚久，台灣光復後，幹過一任警務處長，現任總統府參軍，在本省人的心目中，是一位標準「半山」（親政府的台灣人）。高玉樹先生則是一位標準土著。王民寧自恃自己是執政黨支持的人，經歷又比對方好，以為這個市場十拿九穩，決不會被對方搶去（在此之前國民黨提名競選的人很少失敗過），所以對於競選活動根本不當做一回事；而高則和他完全相反，成了一場如假包換的「龜兔賽跑」，結果如何，幼稚園的小學生也會正確地說出答案的。

照道理講不論競選者是什麼人，當選之後便成了國家的官員，一樣是代表政府替人民辦事，執政黨站在政府的立場，對於它的屬下只應處處予以便利，指導他完成任務才是正理；不料國民黨因為台北市是政府所在地的首善之區，外省人又多，但自實施民選後，兩任市長竟都落在黨外人手裡，既覺丟臉又不甘心，因而抱定決心，爭取下屆勝利。不過先決條件必須先把高玉樹打倒，而打倒之法莫妙於使他在任期之內毫無成績表現，於是一面予以全面杯葛，使高玉樹這位勝利英雄無用武之地，一面全力支持中央黨部副秘書長黃啟瑞先生出馬競選，縱然如此，選舉結果高、黃二人的得票總數相差並不太多，足見前者的實力確實不弱了。

同樣是台北市長，但換了黃啟瑞先生之後，便完全改觀了，為了證明和高任的行政效率確有不同，市政府無力完成的修路工程，省府建設廳出面協助了，而交通處公路局則幫他解決了公共交通問題。果然半年之內，履行了「修好馬路」和「改善公共交通」兩項競選諾言，然而天曉得這是誰的力量？

同是政府所屬的一位官員，因為有黨內黨外之分，對待的方法竟然相差到如此程度，觀瞻所繫的台北市尚且如此，其他縣市更是不問可知，這是不折不扣的政黨利益超過國家利益，也是國民黨只知有黨不知有國的具體說明。試想當時身受的人如何忍受得了？如何不設法報復洩憤？此之謂「逼上梁山」！

經過幾次選舉之後，被國民黨「逼上梁山」的人也越來越多，而這許多人又都是地方上的實力派，又多是土地改革時失去土地的大地主，在那種情形之下落選，當然不甘心認輸。為了爭取選舉勝利，大家才意識到非團結不可，於是才有「地方自治研究會」之組織；但國民黨當局成竹在胸，為了防患未然，根本不准登記。雖再改為「民主自治研究會」二次申請，仍是照舊不准，此無他，怕台灣人團結起來而已。

宜蘭籍省議員郭雨新去年（一九六〇）在台灣省議會第二屆第一次大會中，有一篇極精彩的詢問，關於實施省長民選完成台灣地方自治部分，他說：

依據憲法規定，省是自治團體，省所具有的自治權力，中央政府也無權予以變更或侵犯。但我國自民國三十六年行憲迄今，已有十三年歷史，總統由民選產生，已有三居之多。台灣省自民國三十八年實施地方自治以來，至今也有十一年歷史，縣市長自民選產生更已有四居之多。然而台灣省政府卻仍沿襲以往「訓政時期」的辦法，當做行政區域看待，不但省府委員由任命方式產生，即主持全省政務之省主席，亦由任命方式產生。此種事實，已與憲法第十一章關於「地方制度」的規定不符。但今日的台灣省政府組織，非但與憲法規定不符，且無法律根據。此事曾經總統府臨時行政改革委員會於「調整台灣省政府組織案」中坦白指出：「台灣省政府現行組織與省政府組織法不合。」進而建議：「由行政院訂定台灣省政府組織條例，完成立法程式，使台灣省政府獲得法律根據。」可見主持全省政務的省政府組織，非但違憲，而且於法無據。如此情形，可謂台灣地方自治中之最大諷刺。十多年來，政府始終以推行民主政治，實施地方自治來對外宣傳，然而現在竟連省政府的體制尚維持「訓政時期」的狀態，這實在是太落伍太不應該的。嚴格一點說，這是政府不信任全台灣的選民，沒有誠意實施真正地方自治的有力證明。

「本席自台灣省參議會以迄第一、二、三居臨時省議會會期，對於應實施省長民選及成立台灣省議會的問題，都曾數度摯言建議。結果到現在，在名義上總算有了一個台灣省議會，惟民選省長一事，則仍毫無動靜。……省縣自治通則草案，早於十三年前即已送往立法院審議，結果政府在未完成立法程式時又將其撤回，現在政府如果有決心要實施省長民選完成地方自治，則自治通則草案的完成立法手續，相信不會是一件太困難的事。

國民黨當局為什麼對於一個「省縣自治通則草案」一壓便是十多年而不讓它完成立法程序呢？這點我在中央黨部時，大家便常常談到，因為依照規定各縣完成自治程序之後，省長便要民選，國民黨人認為一旦省長落在台灣人手中（這是必然的），那便一切完蛋；中華民國政府可以推行政令的地方，只有台灣一省，省權交出，剩下空頭的中央政府又有什麼用？蔣氏父子「家天下」的世襲計畫更是隨之幻滅。所以他們認為無論如何決不能實行省長民選，但因法有規定即須實行，於是採用「釜底抽薪」辦法，《省縣自治通則草案》不予完成立法程序，省長便也無從選起了。

地方人士眼見國民黨當局對於本省自治運動一再摧殘，連組織一個「研究會」之類也不准許，才覺悟到非成立一個新的政黨實在無法再和他抗衡，於是乃有籌組「中國民主黨」之擬議。因為他們缺乏政治鬥爭經驗，自知不是國民黨的敵手，便很自然地和不滿現狀嚮往自由民主的三黨人士聯成一氣。這樣一來，實力加上經驗，本省人結合外省人，馬上成為一支聲勢浩大的生力軍，以異軍突起的姿態，準備和執政三十餘年的國民黨在政壇上一決雌雄。這股力量既不能收買，也不會妥協，過去對付異黨的一切手段，到此全無用武之地，於是國民黨戰慄了，它非常明白在今日台灣而和台灣人正面衝突（競選便是衝突），吃虧的將不會是別人。

太子先生經過十幾年的慘澹經營，「竊國」的基本部署，早於神不知鬼不覺中全部完成，但「智者千慮必有一失」，太子先生竟然忽略了四種力量之外的一種力量——那便是最初為他瞧不起的地方力量，這支力量潛力雄厚，即令讓他把那四種力量加在一起和他相較也毫不遜色，何況他在軍隊、特工、黨務、青年四者之中，完全以外省人士為對象，雖然後來吸收新黨員的重點擺在台籍人士身上，但為時已晚，經過幾次選舉之後，彼此心理上的「鴻溝」早經形成，業已無濟於事，縱然有些「半山」（如黃朝琴、黃啟瑞、謝東閔、連震東等）可供利用，但也不過杯水車薪罷了。這是太子所布的天羅地網中的一個最大漏洞，所以一見他們要組織新黨，便戰戰兢兢，如臨大敵，因為他曉得這將是一場生死存亡之爭，也是國民黨自北伐成功之後，繼日本、共產黨而來的第三個真正勁敵，假如不在它未長成前剷除了去，等它壯大之後，便有被它取而代之的危險。國民黨一黨專政成了習慣，連一個統一的友黨尚且不能容忍，何況這樣一個危險組織？於是傾其全力，隨時隨地予以阻撓、打擊。據選舉改進座談會的發言人雷震、李萬居、高玉樹三人聯名的緊急聲明中說：

……每次開座談會總是受到警備司令部干擾。我們認為政府不應該利用已經拖延十幾年的戒嚴令，來剝奪人民受憲法所保障的自由。又如我們發起人之一的吳三連於國民黨當局向他的事業集團施用壓力之下，不得不暫時出國六個月。對於一向是新黨籌備工作中心人物之一的雷震，則在自由中國社斜對面之大安區民眾服務站（國民黨區黨部）內，指派特務數十人成立專案小組，每日專負跟蹤監視之責，並配有一部吉普車（車號為一五─〇四〇五八）和三部大旅行車（車號為一五─〇四八九九、一五─〇四九〇一、一五─〇四三八七），分別追蹤監視，每日自晨至暮，自辦公室辦公至飯館用餐，自木柵至台北，乃至遠達中壢（一五─〇四九〇一號車和七、八個特務），如影隨形，寸步不離……

這些都是國民黨的「嚇阻」戰略，希望他們知難而退，不料「嚇阻」並未發生效力，於是便不得不使出最後手段以「行動」來對付了。

採取行動首須選定目標，新黨的芸芸諸子中夠目標資格的也只有雷、李、高三個，以實力論，自然以高玉樹為第一，以聲望論，則高不及李，而李又不及雷。不過高、李兩位都是台灣人，如果對他們中任何一人採取行動，都可能激起大變，說不定會來個「二、二八」事件的重演，這是最冒險的一著。但如對雷震採取行動便完全不同了，因為：第一，雷不是本省人，少了觸怒當地人民的顧慮，可令任意宰割，收殺一儆百之效。第二，雷震雖不是本省人，但他反政府的立場和他們相同，深得地方人士信任，在組織新黨方面，一直是他們的領導人物，合乎「擒賊先擒王」的原則。第三，雷在《自由中國》上有許多現成資料，不愁無所藉口。第四，《自由中國》是蔣氏父子眼中之釘，心腹之患，對雷採取行動，不難一下連根拔除。利害相權的結果如此，於是雷震危矣！

許多人都奇怪國民黨當局不惜犯天下人之怒，費盡九牛二虎之力，才通過了專為對付雷震和《自由中國》而修改的《出版法》，為什麼到時候卻又棄而不用，而竟出動軍事機關引用《懲治叛亂條例》呢？我的答覆是：因為《出版法》的處分太輕了，最多只能消滅《自由中國》這本雜誌，而不能消滅雷震這個人，既不足以消除蔣氏父子蘊藏多年的心頭之恨，更不能對新黨收鎮壓、遏阻之功；其結果，只是迫著雷震全心全力組織新黨，豈不是弄巧成拙，火上加油？所以對雷震不動手則已，一動手便非置之於死不可。而能達到這個願望的，自然莫妙於拋一頂蔣記著名製品的「紅帽子」給雷戴為最方便了。

在許多法治國家裡，對於一個犯人的判刑是非有證據不可的，但蔣氏父子卻不理這一套，證據嗎？可以隨便製造（在雷案還未發生之前，他們便誣我在香港和中共勾結，去年七月妻回台時，對她搜查得空前嚴格，片紙隻字也不肯放過，並把妻的兩篇小說稿當場扣留，幾天之後才又發還。他們懷疑我已參加新黨，幸而這裡不是台北，他們無法將我逮捕，否則，我的遭遇恐怕還不如雷震呢）。無論是人證或物證，何況可以置雷震於死地的人證，警備司令部早在台灣省保安司令部時期已經為他準備妥當了，只要一聲令下，便可照計演出（這也是他們決定選擇雷震為行動目標的最重要原因，上文遺漏應該補入）。

這話決不是我不負責任的信口開河，早在一九五七年春季，陳建中由中央第六組副主任升為主任之後，為了爭取表現，曾和我談起滲透友黨和自由中國社的問題，他以為民社黨方面我們已經有了得力內線，足能控制該黨的一切情況，但對青年黨和自由中國社內部還毫無線索，問我有無辦法。當時我表示青年黨容易打入，自由中國社方面恐怕相當困難。他馬上告訴我不要以為雷震如何了不起，保安司令部早已在他們裡面建立好內線關係了，不過那是他們的事，我們為了職責所在，也該自己設法佈置，免得上面問起來我們一無所知。

從陳建中的話裡，我們可以曉得一件事：那便是在很久以前太子的爪牙們已在自由中國社裡面安排下內線人員了。不久以前，一位某部派在海外某地的工作人員，（為了安全未便列舉其姓名）透露了雷案的真象，原來劉子英在保安司令部號召匪諜自首的時候，已向該部祕密自首了，當時台灣當局正對著《自由中國》束手無策，現在居然有該社內部職員前來自首，真是喜從天降，於是，馬上賦以祕密任務——要他專做雷震的工作。

由上面兩項資料互相印證，我們可以肯定地說：「劉子英便是保安司令部的內線」。我們也可以肯定地說：雷震對劉子英的一切都毫無所知，因為劉子英最初為了飯碗問題，不敢把自己的真實情形告訴雷震，接受任務之後，為了生命安全更不敢洩露半點。同時雷震如果知道他是奉中共任務來台，無論如何也不會留他在社裡服務的，那豈不是授人以柄，自投網羅？由於劉子英已和治安當局有了這種關係，所以他們才敢放心大膽由軍事機關出頭逮捕雷等（因為人證已準備好不愁雷震不墜入陷阱），所以「匪諜」劉子英在被捕之後，很順利地便寫了自白書（因為那只是謄寫），所以王超凡的談話能像預言家似的預知未來之事（因為他也是編導人物之一），所以雷震要求和劉子英對質而不獲許可（因為怕拆穿西洋鏡）。

簡單一句話：雷震是被太子的爪牙串通了劉子英硬加以「包庇匪諜知情不報」的罪名，而有計劃地構陷的！聰明多識如胡適之諸先生，在這種情形之下，竟還妙想天開上書蔣氏請求特赦，豈不是癡人說夢？與虎謀皮？

也許有人要問，「這樣一來，劉子英本人豈不是一樣也要在監牢裡囚十二年？於他又有什麼好處？」我以為這不是有沒有好處的問題，在台灣那種情形之下，劉子英以一個「自首匪諜」的身分，他的生命完全操在治安當局手中，獄中生活雖欠理想，但總比死亡要好得多，貪生怕死人之常情，劉子英當然也不例外，何況和治安當局合作消滅了《自由中國》和雷震，總算是奇功一件，獄中生活一定不太難堪，說不定將來還會有減刑或特赦的機會呢。

雷震被囚和《自由中國》停刊都已一年有餘了，而《公論報》也在另一陰謀中宣告易主，在這一年之中，蔣氏父子的眼中、耳中固然清靜了許多，但他們的聲譽卻也為此事而一落千丈，「防民之口，甚於防川，川壅而潰，傷人必多」，這是我國先哲的名言，秦朝便是一面鏡子。蔣氏父子雖然獨得暫時的勝利，但人民憤怒之火，卻因此而愈燃愈旺，這恰似在統治者的寶座下埋下許多定時炸彈，遲早終會爆發起來，讓他自食其果的！

且看蔣氏父子充滿罪惡的無恥統治，還能維持到幾時！

# 十、蔣氏父子怎樣箝制輿論

台灣有「新聞自由」嗎？這是一個非常有趣的問題，也是朝野各方許多年來一直爭論不已的老問題，站在官方的立場，他們的答覆當然是肯定的，尤其在《自由中國》未被迫停刊，《公論報》未被攘奪之前，他們動不動以二者為例，理直氣壯地對來訪的外國人說：「你們看，這些報刊的言論，都是最反對政府的，常常把政府批評得體無完膚，然而他們卻照舊出版，政府一點也不干涉，還不是新聞自由的鐵證嗎？」

國民黨中央常務委員兼宣傳小組召集人陶希聖先生和中央常務委員兼台灣省政府主席周至柔先生，對於台灣的「報禁」問題，先後都有過絕妙的解釋，陶希聖在去年（一九六〇）八月一日發表談話說：

政府於民營報業之扶助政策，已收到實際效果，至今台灣省已有二十餘家民營報紙，均能平均發展，使一般社會有普遍而充分的表達意見的園地。由扶助政策轉向自由競爭，如何始能免於兼併與浮濫的流弊，實為現階段新聞政策上必須慎重研究，妥為籌劃的問題。

周至柔在本年七月二十三日，答覆省議員郭雨新的質詢時說：

……政府從來沒有禁止過報刊，今天的民社黨，青年黨是不是有他們自己的宣傳刊物呢？本省現有報紙二十九家，通訊社三十七家，雜誌社六百餘家，廣播電台五十八所，其中以報紙而言，二十九家報社中屬於政府及執政黨者不過三家，其他的均為民營。由此也可以證明是否有「報禁」了。至於報紙的登記，純係「量」的節約問題，在這一方面，無論是國民黨或其他人都是一樣的，並無軒輊之分。……英國只有一個國家廣播電台，而我們的廣播電台，已有五十八所，是否我們可以因此就說英國不民主呢？

陶希聖的意思，乃是政府不准創辦新報，不但沒有妨害出版及新聞自由，相反地正是扶助民營報業，而周至柔則居然以為台灣在廣播方面自由的程度，已駕乎英國之上了。他們這種強詞奪理的歪曲言論，實在不值得識者一笑，連外國人也不會相信他們的鬼話，所以一九五八年，國際新聞協會在華盛頓舉行年會時，台灣方面正好修改《出版法》，因而引起該會憤怒的抨擊，認為台灣是一個沒有新聞自由的地區，把它和鐵幕國家並列在一起。

一九六〇年三月下旬，該會又在東京舉行年會，仍將我國新聞界代表拒於會外，會後並派該會秘書瑞士人阿蒙・加斯帕德專程赴台作實地調查。

加氏返瑞之後，即向該會作一長達萬言的報告，不料這位不惜迢迢萬里專程前往台灣實地調查的秘書先生，花了那樣多的金錢、時間與精力，結果竟連到底是哪些機關妨害了新聞自由也弄不清楚，他所提出的六個機關之中，除了新聞局外，其他都是似是而非，或根本風馬牛不相及；並且還把大名鼎鼎的國民黨中央常務委員陶希聖，誤為第六組主任，真可謂「烏龍」之至。

事實上我們也難怪加斯帕德先生那樣錯誤百出，因為台灣有權干涉新聞方面的單位太多了，不但一個走馬看花的外國人無法弄得清楚，我相信包括中國的新聞界在內，能夠真正澈底瞭解個中情形的，恐怕也沒有幾個人。在談台灣的新聞自由時候，非把這個問題先弄清楚不可。

一般人都以為台灣主管新聞的機關，政府方面在中央為行政院的新聞局、國防部新聞局和內政部，在地方為台灣省政府新聞處；黨的方面為中央黨部的第四組，只不過這幾個單位罷了。不錯，按照組織的常軌和業務的執掌上講，主管新聞業務的，的確只有這幾個機關，不過，國民黨的事情，奇怪得很，名和實，表和裡，不一定完全一致，國民黨的政策是「以黨領政」，「以黨統軍」，「黨權高於一切」的，中央第四組既是主管宣傳，應該是宣傳方面的決策機關，訂定大的宣傳方針，交給政府機關執行才是；但實際上卻完全不是那一回事，因為他的背後，還有幾個更高、更大、更有力量的權威組織，相形之下，它只好降尊紆貴，由發號施令的大老闆，一變而為唯唯聽命的小夥計，除了每週印發一本《宣傳週報》算是形式上的指導之外，較為重大的問題，它一點也無法作主，完全聽從那幾個權威組織的決定。我在第四章中曾提到該組的成績最差，是權責劃分不清，先天缺陷妨害了它的發展，便是指此而言。

現在讓我把這幾個權威組織，分別介紹如下：

## （一）宣傳會談

這個會談，是老先生親自主持的，規定每隔兩個星期舉行一次，出席的人計有：陳誠、蔣經國、陶希聖、黃少谷、新聞局局長、中央第四組主任、中央第六組主任、外交部長，和其他有關的機關首長。會談的方式，先由事前指定的人報告兩週來的有關問題，然後再就最近國內外所發生的重大事項，提出意見由大家研討，最後老先生以指示代替結論。這種會談，與其稱作會談，倒不如叫作「集體請示」還更貼切些，因為老先生的指示（當然也含有太子的意見在內），便是他們的金科玉律，誰也不敢更改。

## （二）宣傳小組

這個小組，是在宣傳指導上，其地位僅次於宣傳會談的一個組織，召集人是中央常務委員兼《中央日報》總主筆陶希聖先生，參加的人，和宣傳會談大同小異，只是範圍更廣泛些罷了。沒有固定的會期，視情形需要而召集。

## （三）心戰指導會報

這個會報是太子先生主持的，參加的單位最多，差不多包括了太子系的大部機構，計有中央黨部第二組、第三組、第四組、第六組、國家安全局、情報局、總政治部、青年反共救國團、新聞局……等許多單位，除了第三組因人事關係由副主任陳元出席外（鄭彥棻為此很不開心，上官業佑任第五組主任時，因為未能參加此一會報，認為大失面子，牢騷滿腹，請看台灣官場中的大人先生們之侍奉太子，活像一群姬妾之侍奉主人，用盡狐媚手段，爭寵獻媚，博取主人的歡心一樣，還成什麼體統），其餘都是首長親自參加。

這個會報，也是每兩個星期召集一次，由第六組承辦秘書業務，下面又依工作性質分為：空投、廣播、敵後、海外、海島、技術、一般、七個心戰小組，由中央二、三、四、六組，安全局及總政治部，分別擔任。

本來在中央黨部之中，老先生最初曾經指定陶希聖、張道藩、張其鈞、鄭介民、蔣經國、黃少谷、唐縱諸先生，組織一心戰委員會，負責處理有關對「匪」心戰指導工作的，後來太子先生覺得那個委員會，於他諸多不便，同時又認為那些業務，都是他工作範圍以內的事情，不高興外人干涉，於是乾脆另起爐灶，擅自組設這個「心戰指導會報」，以代替那個

「心戰委員會」，無形中把中央袞袞諸公摒諸大門之外，公然否定了「領袖」的決定，足見其狂妄跋扈到如何程度了！

宣傳會談，宣傳小組和心戰指導會報，三個組織通過是主管宣傳業務的中央第四組和行政院新聞局（另一個內政部名為主管機關，實則一切均無權處理，只是於處分報刊時，奉命行事而已）的上級老闆，雖然心戰會處，在業務性質上說，與宣傳工作尚有不同，其中的一般心戰工作，也偏重於心防方面，但因是太子自己主持，其比重反而遠在陶希聖主持的「宣傳小組」之上，而和老先生主持的「宣傳會談」等量齊觀。這三個組織，既無明確分工，又不是正常機構，毫無正規可循，簡直成了一國三公，紊亂異常，局外人看起來，自然更感撲朔迷離莫測高深了。

國民黨為了控制輿論，除了設有這許多疊床架屋管理新聞的組織之外，還擁有大量的宣傳工具，為它歌功頌德，藉以混淆視聽。這些工具計有：

## （一）通訊社

中央通訊社——規模龐大，有統發新聞的專利權，除外國通訊社外，各報重要電訊，差不多盡為該社包辦。

軍聞社——專發有關軍事新聞稿件，屬於總政治部。

## （二）報社

《中央日報》——國民黨機關報，規模最大。

《台灣新生報》——台灣省政府機關報。

《中華日報》——台灣省黨部機關報。

《大華晚報》——為《中央日報》之附屬物，雖仍為官方立場，但色彩較淡。

《青年戰士報》——以軍人為對象的宣傳物，總政治部主辦。

《英文中國新聞》——這是一張披著民營外衣，而實為太子喉舌的報紙。負責人名為鄭某，其實是太子的媚友中國廣播公司總經理魏景蒙，不然凍結了十年的「報禁」，怎會輕易地為該報單獨打開？

## （三）廣播電台

中國廣播公司——這是台灣最大的一家廣播公司，是國民黨的黨營事業之一，其任務等於《中央日報》的空中版。

軍中廣播電台——是總政治部對陸軍的宣傳工具。

空軍廣播電台——屬於空軍的宣傳工具。

海軍廣播電台——屬於海軍的宣傳工具。

幼獅廣播電台——屬於青年反共救國團的宣傳工具。

## （四）電影

中央電影公司——國民黨的黨營事業之一，受太子直接控制，其下並有十餘個電影院，（如台北之大世界、台灣、新世界等）撥歸該公司經營，所有盈餘一律用作發展之用，不繳回中央財務委員會（此為黨營事業之唯一例外，亦足見太子之氣焰）。該公司所出影片，不但必須經過多次以官方八股觀點，吹毛求疵地嚴格審查，而且片名也均由太子親擬，如《惡夢初醒》、《原來如此》、《夜盡天明》等，均為太子大作。《夜盡天明》一片，本為潘壘的《偷渡》改編而成，小說改編電影，以用原名者居多，而且《偷渡》一名，並無不妥之處。但太子先生認為文藝色彩太濃，缺乏政治意識，於是大筆一揮，改為《夜盡天明》。本來二者相較，後者較前者確實不及遠甚，但有些善於逢迎之輩，偏會在這種地方阿其所好，有次現任中央委員兼第六組主任陳建中親口告訴我：當他和太子談到《夜盡天明》影片時，他明白這個片名是太子的手筆，於是故意稱讚了幾句，太子立刻笑顏逐開，一迭連聲地問：「怎麼樣？還有意思吧？」陳建中接著又著實拍了一陣馬屁，把個太子喜得心花怒放，洋洋得意地對陳建中說：「這是我改的。」中央電影公司十幾年來，雖然也拍了許多影片，為什麼連一部差強人意的也沒有呢？這些情形，便是它的癥結所在。

台灣省電影製片廠——屬於台灣省新聞處，以拍紀錄片為主，故事片極少。

總政治部電影製片廠——屬於總政治部，以拍紀錄片或縮印故事片（在軍中放映）為主。

## （五）刊物

不計其數。

國民黨以上述許多工具，四面八方向人民灌輸它所希望人民知道的一切，準備一手掩盡天下人耳目，但因究竟還掛著一塊「自由民主」的假招牌，別人也還擁有部分的工具，而且還不時揭出和他們大不相同的調子，為了使這些「異己者」低首就範，造成清一色的御用言論，不惜使用下列各種卑劣手段：

## （一）凍結報紙

國民黨當局為了管制報紙，控制輿論，十餘年來，除了太子的御用工具——《英文中國新聞》外，新的報紙，一律不准發行，即令老報人立法委員成舍我所辦的，在北平有悠久歷史，被中共查封的《世界日報》，和屬於天主教系統的《益世報》，雖然一再請求台灣當局在台北恢復出刊，但也都遭拒絕。

## （二）限制篇幅

世界各國從未聽說有規定報紙的張數的，有之，應以國民黨政府為第一，台灣當局為了箝制言論自由，不但禁止增加新報，就連現有報紙，也以實行戰時紙張節約為理由，限制篇幅為一張半，直至一九五八年九月，才改為兩大張。由於新聞用紙控制在他們手裡，每月的配給數量完全由他們決定（白報紙的配給，等於變相津貼，也是利誘手法之一），所以誰也沒有辦法。

## （三）依法打擊

當法律可為他們利用的時候，國民黨當局是守法的，但這法卻多半是不為人所歡迎或擁護的《戒嚴法》、《出版法》、或特別有所為而制訂的其他單行法規，他們在字裡行間吹毛求疵地「捉字虱」，只要可以加上罪名，便依「法」打擊。

## （四）非法陷害

當某一報刊，成為台灣當局的打擊對象，而不能依法打擊，或雖能依法打擊，但其所可援引之條款，無法構成嚴重刑責使其情而甘心時，便以栽贓手法，誣其人為匪諜，而以懲治匪諜的嚴刑峻法，使其喪失自由，迫其報刊停刊，更或以無賴手段加以攘奪。如《自由中國》之雷震事件，及李萬居之《公論報》事件，都是最顯著的例子。

台灣的民營報刊，在國民黨當局威迫利誘，軟硬兼施的淫威籠罩之下，只好俯首就範，縱然有些正直之士，良心未泯，但懍於雷震等人遭遇之慘，也不得不尋一自保之道，於是乎真能代表人民心聲的輿論，愈來愈少愈弱，而眼所見耳所聞的，都是千篇一律的官論、黨論。於是蔣氏父子消滅輿論的計畫成功了！

當一九五八年修改出版法的時候，海內外輿論一致激烈反對，但國民黨當局始終堅持不變，完全一副「笑罵由人笑罵，好官我自為之」的蠻橫作風，好像是上下一致的樣子，其實除了蔣氏父子外，即令是國民黨中的高級幹部，談起此事，也都是暗中搖頭的。然而也僅限於暗中搖頭而已，在「領袖」主持的會議中，仍然慷慨激昂地裝成熱烈贊成與擁護的樣子，而歌頌「領袖」的措施偉大與賢明。國民黨中到處都是這類「逢君之惡」的「妾婦」之輩，如不失敗，是無天理！

修改《出版法》一事，雖然弄得天怒人怨，群情洶湧，但在香港居然也有少數報刊，為官方聲辯、支持，而且引經據典地說明台灣新聞界所得的自由太多，多到超出老牌民主國家大英帝國之上，記者們竟敢在盜竊犯未定案之前，任意報導藐視法庭，對姦淫案任意繪影繪聲妨害個人名譽，至於涉及誹謗的事例，更是俯拾皆是，無日或無，所以政府修改出版法，正是為了保障人權，千該萬該！最近陽明山會談，又有人提出這些理由來證明台灣的新聞自由太多，應該予以限制。

這個問題，表面看起來，正反雙方的意見，似乎都不無道理，但究竟以何者為對呢？我的答覆是：雙方都對，同時也雙方都錯，理由是：

若問台灣有沒有新聞自由，要先弄清楚從那一個角度去看，如果站在一個普通老百姓的立場講，新聞界不但有自由而且自由的確太多了，他們常常使當事人的權益受到損害，而不負任何法律責任；如果站在批評時政的輿論立場講，則毫無自由可言，批評偶一不慎，觸痛了某些人的瘡疤，便會捉將官裡，使你飽嘗鐵窗風味，連本身的自由也要失去，還說什麼新聞自由？

總之，在台灣，「偉大的領袖」是神聖不可侵犯的，「領袖」的偉大兒子也是不能批評的，只要你記住這個法則不侵犯到蔣氏父子的統治利益，一切都可言所欲言，無所顧忌，至於妨害個人名譽，影響司法等等，那只是些升斗小民的事，於父子的統治利益並不衝突，所以他們可以視若無睹，充耳不聞。謂予不信，請看《出版法》修改之後，那些條文是專為保障普通人民的權益而特別增訂的？便知我言不謬了。

可惜參加第二次陽明山會談的先生們，沒有看清這個事實（也許是故作懵懂，避重就輕），他們只能站在小民的立場同新聞界爭，而不敢同時也站在新聞界的立場同國民黨當局爭，此陽明山會談之所以為陽明山會談也！

# 十一、我所看到的蔣介石先生

這本書既以「蔣經國竊國內幕」為名，其內容自應以太子的「竊國」種種為限，似乎不必拉扯到老先生身上去；不過老先生是中華民國的元首，國家的一切權力，完全可以操縱在他的手裡。假如不是他蓄意傳子，把所有的力量都毫無保留地讓渡到他的愛子手上，那麼，太子先生縱有通天本領也無法施其技的，又假如換了別人，恐怕大權還未盜竊到手，腦袋和身體便早已分家了；所以太子的「竊國」勾當，是在老先生全力掩護監守自盜情形之下進行的，因此「竊國」的罪行，父子二人是半斤八兩，難分主從。何況外界所看到的老先生只是他虛偽的外貌，而我所看到的則是他的真面目，這些正和未來的國運息息相關，為什麼不應該提出談談呢？

在「七七」事變還未發生以前的幾年，我對老先生是非常崇拜的，西安事變時也曾經為他流過眼淚，我之所以參加特務工作也是由於崇拜的緣故。現在我才知道那是上了御用宣傳家的當了，他們高喊「蔣委員長是中華民族的救星！」把「偉大的領袖」捧上三十三重天，成了一尊莊嚴神聖的偶像，於是一般青年便信以為真，也盲目崇拜起來了，聽到「委員長」

三個字便要挺胸膛、碰腳跟，原來那些都是愚民的把戲。記得納粹的著名宣傳家戈培爾有一句話「謊話說久了連自己也會信以為真」，老先生便是在如此這般的謊言中奠定他的偶像地位的，這謊言一直等我到台灣之後，才有機會把它看穿。

古時的帝王都是住在皇宮大內之中，和人民完全隔離，其用意乃是予人民以尊貴、威嚴、高不可攀的神祕印象，國民黨人對老先生也是用的這種手法，所以局外的人根本看不見他的真象。讀文告嗎？那是別人替他寫的；看外表嗎？那是作狀矯裝出來的；看照片嗎？那是經過左挑右選的；那裡有半點兒真面目？

談到照片我又想起一件事：有次我們和 NACC 研究印製傳單的問題，上面需要老先生的照片，他們表示「蔣總統的照片太一本正經了，缺乏生動活潑的人情味，有次他和夫人一同散步，路面不甚好走，他便用手攙著夫人，我們認為這個鏡頭很好，便拍了下來，不料侍從人員一定要把底片收去，不准洗印，真是豈有此理！」

真的！老先生的照片是不准隨便拍攝的，那是勵志社胡崇賢的專利，每次我們需要照片，都是向他買，但他所有的照片一律是一本正經狀，此無他，恐有失老先生的莊嚴、偉大的偶像身分，影響人們對他的崇拜也。這和不久以前英國女王伊麗莎白二世在一次賽馬裡輸了之後，滿臉充滿傷感沮喪表情的照片，任由報刊隨便刊登的作風，真是不可同日而語。

近十幾年來我所看到的蔣介石先生，和一般人所瞭解的大不相同，最令我失望的是他不但一點也不偉大，相反地，以他那樣的才能、品德，和他擔任的職務比較起來，一點也不相稱。根據我的觀察，發現他有最顯著的五大缺點；茲分述如下：

## （一）最拙劣的演說家

凡是在中國政治圈裡混過的人，大概都領教過老先生的演說，一口奉化的土音不講，十句之中倒有三、四個「這個是……」，其無條理、無重點、重複、累贅、散漫之處不一而足。但那還算是比較好的，因為那至少在事前還有人為他準備個大綱；只有在臨時性或沒有圈外人參加的場合中，才可以看出他的真本領來。我在政治行動委員會工作的時候，曾經替他擔任過幾次紀錄，所以我對於他的演說能力的認識也最為清楚。

政治行動委員會一年一度舉行的工作檢討會，開幕時照例是老先生自己主持，因為參加的人清一色的全是他的忠實信徒——特工人員，所以講話也特別隨便，不讓別人替他起草。記得一九五一年的工作檢討會是在警務處大禮堂舉行的，開幕時又是我的紀錄。老先生在「領袖訓話」的節目裡，講了半小時的話，內容只有兩點：一是對於派往大陸工作的人不可求速效，要長線放遠鳶，一是要投中共所好。話雖只是這麼兩句，但他老先生卻翻來覆去地講了又講，中間夾雜著無數的「這個是……」，前言不對後語，下句不接上句，真是記也無從記起。幸而另有錄音設備，事後錄出一看，啊！那真是一篇使人啼笑皆非的妙文，不得已，只好仿照曹聖芬的辦法按照大意再替他另做一篇。

聽說從前有一位仁兄為老先生作紀錄，以熟練的速記技術，把他所講的話一字不遺地完全記了下來，忠實得連那無數的「這個是……」也未曾掉一個。不料老先生看了之後赫然震怒，立刻把那位仁兄炒了魷魚。後來曹聖芬擔任紀錄的時候，有了前車之鑒，紀錄時便不再理他怎麼講，也不管前後的次序如何，只是就其大意加油添醋地另作一篇，這個辦法果然大受讚賞，老先生那些汗牛充棟的《言論集》與《訓詞》之類，都是如此這般地產生的。

西安事變之後，我們讀了老先生的《西安半月記》，對於「偉大的領袖」無不深深地佩服。但我對於那篇「對張、楊訓話」的講詞卻始終抱著懷疑的態度，我以為在那樣兵馬倥傯，危機四伏的環境中，還會有時間、有心情從容不迫長篇大論地訓斥兩員叛將，尤其還未完全脫離他們掌握的時候，難道不怕他們中途變卦？同時蔣夫人在那種情形之下，怎會記得那樣完整？難道她是一位速記專家？這都是許多年來使我大惑不解的問題。現在回想起來，不禁使人啞然失笑，我敢斷定不僅老先生講不出那樣一篇大氣磅礴的動人講詞，蔣夫人也記不了那麼完整，其實壓根兒便沒有那麼回事，為了使人歌頌「領袖」的偉大，所以才杜撰出那篇講稿，其所以說是蔣夫人紀錄者，無非找個證人使人相信而已，因為當時只有四人在場，兩個失去自由了，一個是太太，當然只會替他圓謊，於是又聽得到處在喊「領袖偉大」、「偉大的領袖」了（我還以為張學良二十多年之所以不得自由，很可能便是因為老先生怕他拆穿這個西洋鏡之故）。

老先生的口才，笨拙得連個小學教師也不如，在當前的世界政治家之中，實在是一位最拙劣的演說家，奇怪的是他卻最喜歡在公共場合大顯身手，有時無話可講，就翻出他的《言論集》或訓詞之類，選出一篇指定一個人上台宣讀，大家人手一冊在台下跟著默誦，老先生也是如此。自己研讀自己的訓詞，古今中外恐怕很難找出第二個相同的例子來，我的心裡只覺得非常滑稽，這大概是「愚而好自用」的心理在作祟吧。

## （二）最顢頇的行政官

處在科學發達文明進步的二十世紀，一切事事物物都變得非常複雜，無論是管理一所工廠，一個商業機構，要想使它的效率高，非分層負責、分工合作、尊重組織系統不可。工商團體尚且如此，何況一個處理億萬人事務的政府機構？老先生愛管閒事的毛病大概是與生俱來，本來以總統地位之尊，各級負責人如此之眾，只需要他決定政策，指示大的方向交給行政院負責執行便可以了，實在用不著再管那些枝枝節節的問題。所謂「唐虞之世垂拱而天下治」，並沒有什麼了不起的秘訣，那也只是分層負責而已；試想有皋陶管理司法，契負責內政，禹負責水利，后稷辦理農業，每個人都以最大努力把業務辦得井井有條，高高在上的皇帝還有什麼事好做？唯一的希望便是祈求上天給一個風調雨順的大豐收，所以大舜才有〈南風歌〉之作。然而這位老先生遠不及此（他在〈科學的管理〉、〈行政三聯制〉、〈組織的原理與功效〉幾篇訓詞中，說得頭頭是道，不料做起事來竟全不是那回事兒，這都是因為別人捉刀之故，其實他的訓詞，第一個應該精讀深究的，卻是老先生自己），他還是事事都管，總統雖然沒有太多的事好做（假使不剝奪行政院長的權力），但總裁卻不受這些約束，可以海闊天空地為所欲為。別的不談，單說中央每週一次的紀念週、中常會和每月一次的總動員會報，一經老先生主持，便足以鬧個人仰馬翻神鬼不安了。

中央常務委員會是國民黨全國代表大會閉幕期間黨的最高會議，老先生是黨的「總裁」——等於黨的皇帝，他可以不受會議的拘束，不受多少票數的限制，他的決定不容變更，不管多少人反對（實際上也無人敢反對），他不同意的事可以使用「否決權」；所以他對某一事有意見了，中央黨部秘書處便馬上行文過去，要該主管機關首長遵辦；而且這是屬於「總裁交辦」的「十萬火急」案件，不受工作計畫、年度預算或其他的任何約束，一定要優先完成。

總動員會報每月舉行一次，這是仿照抗日時期的「精神總動員」而組設的（各機關的動員月會便是由此而來，這種集會不僅毫無動員意義，適足以廢時誤事，其實國民黨的大小會議，又有哪一種不是如此？每一個機關首長，光是參加會議，就把時間佔盡了，哪裡還有工夫辦事），也是老先生主持，所指示的盡是些零零碎碎的枝節問題。

中央「紀念週」每遇週一舉行一次（也是屬於黨的思想訓練之一），老先生都是親自主持。尤其是每月一次的「擴大紀念週」，參加的人計有：黨政軍各單位首長，中央級民意代表（立、監委員國大代表），高級訓練機關學員（革命實踐研究院、國防大學），人數至少亦在千人以上。在老先生訓話的節目中，除了有較為重要事項事前有所準備或照本宣議訓詞之外，他便東拉西扯地想到那裡說到那裡，我曾經耳聽他講了無數次關於「隨地小便」、「臨街曬衣」、「腳踏車裝燈」等等警察業務問題，試想在那樣莊嚴隆重的場合裡，以一國元首之尊，講的竟是些雞毛蒜皮般的瑣事之事，連越五、六級指揮到台北市警察局長的頭上，這無異一個大軍統帥直接指揮到連長，請問這個仗怎麼會不失敗？記得有一次老先生看到腳踏車上不裝燈，認為易招車禍，在紀念週上大加指責，當天晚上台北街頭大批警察出動，取締無燈腳踏車，弄得雞飛狗跳，怨聲載道，但幾天之後又恢復原狀了。

又有一次老先生看到街上的標語、廣告有自左而右橫寫的，認為這是共產黨的寫法不合傳統精神，嚴令取締。於是台北市警察局又手忙腳亂地大忙一陣，直到所有的標語、廣告全部改正為止（不僅標語廣告如此，連投向大陸的傳單遇有橫行也一定要自右而左，其實這是十分可笑的，那樣寫法恰是違反了大陸同胞的日常習慣）。

台北市警察局長本來只是一個地方三級小官，上有警務處長和台灣省主席，再上還有內政部長、行政院長，和總統相隔等級如此之多，可以說不可能直接發生業務關係的，而居然如此發生了，警察局長自然是如奉綸音，於是暫時拋開一切業務先辦總統面諭的要公，連處長、主席也不敢過問。這次是警察局，下次可能是公路局，再一次可能是衛生處或其他機關，每個機關都有承辦總統面諭案件的可能，「曾經滄海難為水」，承辦過「皇差」之後，眼界大開，對於例行公事，無形中會產生一種漠視的心理，況且老先生的指示，好像「吹無定向風」一般，講到的時候雷厲風行地緊張一陣，風頭過後一切又依然故我。每個部會首長雖然都有固定的職費，但人人都有被總統越俎代庖的可能，於是凡百庶政，一齊「亂曬大籠」，外人常常批評我國政府貪污無能，也確是事實，如果追根究底地研究起來，貪污的形成固非一朝一夕的工夫（將來有機會當詳加論列），而老先生的不尊重組織系統和不知道分層負責的越級指揮作風，實在是造成政府無能的最大原因。

記得從前某個皇帝問他的宰相一些專門性的枝節問題，那位宰相不回答，要皇帝問該項業務的主管官去，連問幾次都是如此，於是皇帝光火了，問他：「那麼，要你這宰相做什麼？」但見那宰相不慌不忙地答道：「宰相的職責是燮理陰陽，使皇帝成為聖明之君的。」以前的宰相相當於今日的行政院長，行政院長尚且不能越權，何況總統？胡適之先生在祝老先生七旬大壽的時候，曾提出「三不」與「三無」的建議作為他的祝壽禮物，確是對症的藥物，可惜老先生不明其理反而認為是有意諷刺呢。

## （三）最自私的當國者

一九五九年六月十二日台灣省議員李萬居先生向省議會提出質詢十六點，其中有一段說：

國父孫中山先生畢生從事革命，冒盡種種危險，他的信念乃在替全中華民族謀解放和自由，他的最終目的是替全體中國人謀幸福，是在實現「天下為公」的崇高理想，他毫不為個人的權勢和利祿打算。所以革命成功，中華民國成立，為著國家的統一強盛，他毫不遲疑地毅然把總統的權位讓給袁世凱。這是何等的偉大？……現在距離孫中山去世三十四年，他的至公無私的偉大精神一面留給世人崇拜讚頌，另一面他的精神則在變質著。依照《憲法》第一三八條規定「全國海陸空軍，須超出個人，地域及黨派關係以外，效忠國家，愛護人民」。軍隊是國家的，憲法上寫得明明白白，毫不含糊，無人能夠加以曲解，這也是一般民主國家的常軌。但是自由中國的實情如何呢？我們的軍隊不是日益在加緊黨化嗎？許多青年在軍中服役，常於一兩點鐘的深夜被叫起來疲勞訊問：為什麼不入黨？甚至用強烈燈光向眼睛照射，使你的精神和身體都受不了。這是不是把中山先生的「天下為公」變為「天下為私」了？這是就大的一方面講；小的方面則把許多戲院、旅社、飯館變成黨營的事業。這究竟是「天下為公」抑是「天下為私」？台灣老百姓對於這點感覺惶惑不解。

李萬居先生的質詢雖然許多人都認為非常精彩，但我以為他的觀察還不夠澈底，他的質詢也還不到家，因為他只曉得一切都國民黨化了，那只是皮毛之論，卻不曉得骨子裡國民黨早已「蔣家化」了，一切都為了「蔣家」，一切都為了「傳子」；如果僅是黨化，那還算是屬於一個政黨而不屬於個人，「蔣家化」之後，則一切都是蔣氏父子的私產了。

關於老先生的自私事例，實在舉不勝舉，現在還是單就他的家族方面談談吧。

1. 太太：

宋美齡妻以夫貴——因而榮膺中國第一夫人稱號三十多年，由航空委員會委員長（其實她對航空懂得什麼？）而「女中央」的「女總裁」，以配偶身分參加國際會議，風頭之健，全世界找不出第二個人來，其原因只是為了她嫁得一個有權的丈夫。

2. 兒子：

長子經國以非軍人身分而榮任上將，把國家大權以明交暗盜方式悉數傳給了他；次子緯國未立任何戰功而榮任中將裝甲軍團司令，可惜我們的第一夫人肚子太不爭氣，幾十年來兒女未生一個，如果她是一個多產者，生上十個八個英雄兒子，（老子是英雄，兒子當然也是英雄），恐怕三軍將領早已為蔣氏兄弟包辦，太子竊奪軍權的時候，也不必費那麼許多氣力了。不過在這方面中國人還是值得自豪的，試看近代顯赫人物如艾森豪，杜魯門、戴高樂、邱吉爾、赫魯雪夫、連死去的一代魔王希特勒、墨索里尼也算在內，他們的兒子似乎沒有一個做到將官的，小艾森豪好像還只是一個校官，而杜魯門的女兒瑪嘉麗小姐雖然也住了六、七年白宮，而結果還只能以唱歌作職業！這些都足以證明他們的兒女之所以不能克紹箕裘，不是做兒女的不肖，便是做父親的膿包，那裡及得上我們的「領袖」偉大？有辦法？能不讓他們羨慕？談到這裡，我們真應該也學台北集會那樣高呼三聲「領袖萬歲」！

3. 孫子：

皇孫蔣孝文自從一九五四年和軍友社總幹事江海東率領一群暴徒大鬧空軍新生社，搗毀華美協進會舉辦的時裝表演會場之後，久已銷聲匿跡聽不到他的消息了。去年（一九六〇）二月上旬此間一家左報上刊載一則「皇孫蔣孝文」在美國奧克蘭大道以每小時八十英里的速度駕車被拘的消息，並說我國駐該地的沈領事，以蔣孝文持有外交護照的理由，親向法庭提出外交豁免權的要求云云。

我看了這條新聞，以為又是左報造謠，因為在我離台之前，太子的「地下小朝廷」裡正盛傳著一個關於蔣孝文的消息：說他在考取留美後，太子先生鑒於近些年來政府達官貴人的子弟，無一不是千方百計爭著去美國留學，為了以身作則挽此頽風，自己的兒子雖已考取了留美，也不該他出國，特地送入軍校受訓，準備將來作一個捍衛國家的革命軍人。這真是一個「廉頑立懦」的好消息，也確實值得令人稱讚，於是在他那個小朝廷裡到處洋溢著「蔣先生真偉大」的歌頌之聲。

我因為腦子裡早已有了這一深刻印象，所以無論如何也不相信蔣孝文會在投筆從戎的學習半途中，再偷偷摸摸脫下軍裝換上洋服飛往太平洋的彼岸去；而且居然搖身一變由一個中學畢業的學生突然成為中華民國外交部的一位官員。果然如此，堂堂國家的外交部豈不成了他們蔣家的「交際室」？然而事實勝於雄辯，其他的報紙也紛紛刊出了這則消息，證明了這事的千真萬確不是左報造謠。

我對於這位在台北赫赫有名的「太保」蔣孝文一點也不願加以苛責，相信他也和一般的孩子們一樣可愛，只不過因為環境特殊把他嬌縱慣了，所以才變成一名「飛仔」。至於考上留美改入軍校，然後再偷偷摸摸神不知鬼不覺地繼許多達官貴人子弟之後，和他的妹妹孝章小姐一同到了美國，這些魔術把戲決不是一個乳臭未乾的大孩子所能要得來的；尤其是外交護照非同小可，當然這是太子先生的又一精心傑作。只不知這幕把戲戳穿之後，從前那些大喊「蔣先生真偉大」的那班老朋友們，心裡作何感想耳！

## 4. 皇親貴戚：

老先生的大舅子和襟兄弟，憑了這點裙關係，操縱中國財政二十年，他們的腰包滿了，老百姓的腰帶鬆了，這些都是盡人皆知的事情用不著列舉。

根據以上事實證明老先生確是一個最自私的國家負責人，「一人得道，雞犬升天」，他只為他的家族和親戚打算，老百姓的死活一概不管。談到這裡，我對於老先生當年抗日的動機不禁發生了懷疑，因為中國的土地人民都等於他的私產，日本人竟要來搶奪了，為了保家保產任何人都會加以抵抗的，又有誰能斷定他的抗日不是抱的這樣念頭呢？「周公恐懼流言日，王莽謙恭下士時；假使當年身便死，一生真偽有誰知？」我非常替他惋惜在重慶的時候沒有被日本飛機炸死，否則，他在歷史上一定是個了不起的民族英雄，縱有這些「傳子」種種的自私念頭，因為還未見諸行動，任何人也沒法發覺，而現在則原形畢露了！

## （四）最低能的軍事家

老先生以槍桿起家，幾十年來從不肯放棄軍權，直到今天還是不肯脫下軍裝（訪問碧瑤和南韓為僅有的兩次），美國的艾森豪，法國的戴高樂都是正牌軍人出身，戰功也不比老先生遜色，而且他們的總統也是身兼陸海空大元帥，何以他們一旦當選總統之後，立即脫下軍服而老先生則不然呢？自然是他對軍事特別感覺興趣而以軍事家自居了。

談到「軍事家」這個頭銜，又使我想起一件故事：老先生看到現代的陸海空三軍聯合作戰，威力特強，忽然異想天開要以「總體戰」的型式，使黨政軍結為一體，像陸海空三軍聯合作戰般的也來一個「黨政軍聯合作戰」。這個獨創的戰術思想形成之後，就在陽明山莊（即陽明山會談之處）革命實踐研究院（現改為國防研究院）中舉辦「黨政軍聯合作戰研究班」，專門研究這個問題。每期召集學員約一百人，其成分全為黨、政、軍各部門的高級幹部，時間為四個月，研究的主要課程為：「戰時黨務」、「戰地政務」和「陸海空三軍教令」三種，其他都是配屬性質。

本來黨、政、軍、三者和陸、海、空、三者是無法相提並論的，雖然都是「三合一」，但陸、海、空僅是兵種上的區別，而其均為戰鬥組織則並無二致，只要在戰場上協同一致，便可以發揮戰鬥威力了。而黨政軍的聯合，則是把軍人和非軍人硬生生地攪在一起，其扞格難入之處不問可知；但因為這是「偉大的革命領袖」超時代的軍事思想，一般奴僕之輩怎敢有絲毫懷疑？於是只好遵照「領袖」的意旨從事設計工作。因而最初的研究方案都是以生吞活剝的辦法，硬把三者拉在一起。經過幾度研究之後，才曉得不是那麼簡單，更不是一句話便可把黨政文員變得和軍人一樣的；於是一期一期地研究修正下去，到了我參加的那一期（七期）的時候，我發覺那些方案和現行制度在本質上並無什麼特異之處，只是在字面上多了些聯合作戰的許多新名詞而已。例如：戰地最高指揮官仍舊是身兼黨務特派員和最高行政長官，黨政軍三位一體，黨工人員和政工人員也還是「二合一」，收復區的軍政府完全受軍事支配，又有什麼新穎特異之處？原來黨政人員實在和軍事行動配合不上，於是兜來兜去又回到老路去了（不知道現在的國防研究院又有什麼新辦法沒有）。

記得最後還有一次紙上作業的登陸演習，假想由××地區敵前登陸，以××為初步目標攻擊前進；黨政軍三個部門在統一指揮之下像煞有介事的各顯神通，果然以摧枯拉朽之勢圓滿達成任務（這也是一廂情願的想法）。這次演習是陳誠先生以班主任的身分親自指導的，但老先生的講評卻大為不滿，認為演習失敗。

老先生是頗以軍事家自負的，但他一生中除了北伐之外似乎並沒有打過幾場漂亮的仗，譬如抗日、剿共的無數戰役，凡是由老先生自己指揮的有過一次輝煌的勝利沒有？據說周恩來在重慶時，曾和國民黨以外的人士談起此事，周說：「我們和中央軍作戰，最歡迎蔣先生親自指揮，因為那會給我們補充大量的武器彈藥。」證之於後來的東北、徐蚌，和川陝撤退幾次戰役，周恩來的話的確沒有冤枉他；所以當東北失守以及川陝撤退之後，各方大聲疾呼要求殺陳誠、胡宗南以謝國人的時候，老先生始終一聲不響，後來立法院逼得凶了，他才承認一切責任應該由他自己來負。從這幾次戰役也可以看出他的指揮能力如何了，所以我說他是一位最低能的軍事家。而其低能的關鍵仍然是他那「不尊重組織系統」和「不知道分層負責」的老毛病，他不曉得在行政上越級指揮，不過減低工作效率使政府無能罷了，在軍事上越級指揮，尤其坐在幾千里之外的辦公廳裡，根據失時的情報，指揮情況瞬息萬變的戰場軍隊，從事千鈞一髮的生死鬥爭，如不失敗豈非怪事？而我們的整個大陸也就在這「怪事」不斷上演之中完全被中共奪去了。

## （五）最玩法的獨裁者

一九五八年十二月二十三日老先生在光復大陸設計委員會中鄭重聲明「決不修改憲法」，贏得許多人一致讚揚，認為他可能不再連任了；不料憲法雖然沒有修改，卻指使國大代表修改了和《憲法》具有同樣效力的《臨時條款》，出席人數不夠，又授意御用大法官把人數標準降低；果然在如此這般的安排下，老先生得以三度連任了。一九六〇年九月預置陷阱強捕雷震下獄時，老先生表示：「法律之前人人平等」，其實在他的法律之前人民永遠得不到平等，因為他是一個統治者，雖然希望人人守法，但他自己和他的家族以及那些皇親貴戚之流，卻能以玩魔術的手段而玩弄法律於股掌之上；「朕即國家」，他的意念便是法律，一切生殺予奪可以完全照他的意思去做，國家的資財可以把它當作他的私產一樣任意支配，不管他怎樣胡作亂為，法律自然會來移樽就教替他遮掩。此類事件真是俯拾皆是，用不著我來曉舌，現在單把他怎樣「以黨干政」的違法事實提出來談談：

中華民國行憲以來已經十多年了，這十多年來的三任總統都為老先生一手包辦（即令他死了也不會落在別姓的頭上），他談話的時候，開口「法治」，閉口「法治」，而反對他的人則說他是「黨治」，究竟是「法治」呢？「黨治」呢？還是「人治」呢？且讓我舉出些事實看：

行憲之後的國民黨，應該和青年黨、民社黨一樣只能算是政黨之一，再不能像訓政時期那樣「以黨治國」了。是的，「以黨治國」的口號確實沒有人再喊了，但代之而興的卻是「以黨領政」、「以黨統軍」，由一句變為兩句，試想國家大事除了軍、政（當然是廣義的）還有什麼別的東西？這兩句口號在本質上說不是「以黨治國」是什麼？至於「治」的方法則又和訓政時期完全兩樣。

國民黨因為是執政黨，所以擔任公職的人也特別多，他們把這些人名之為「從政黨員」。為了管理這些從政黨員，中央黨部特別訂有「從政黨員管理辦法」；由於中央政府的各院、部、會首長，必須經過中央常會的提名或同意才能出任，具有黜陟予奪的無上權威，「趙孟之所貴，趙孟能賤之」，這些從政大員對於中央黨部的命令哪裡還敢怠慢？現任財政部長嚴家淦擔任台灣省主席的時候，我曾見他在中央黨部開會，那副唯唯諾諾，戰戰兢兢的樣子，活像童養媳見了婆婆一般；因為他奉命惟謹，所以才官運亨通長久保持住部長的官階。

中央黨部決定的事項，遇有需要政府機關辦理時，便由中央秘書處或其他組會按照該案的性質，通知某院或某部會（省縣方面則由省黨部、或縣黨部負責處理，其程序一如中央）負責從政黨員辦理。假如該機關首長不是國民黨籍，而為黨外或友黨人士時，則通知其副主官或其他次要從政黨員（這類例子雖不甚多，但也不是沒有，如台灣大學校長錢思亮，前教育部長梅貽琦，台灣省衛生處長顏春輝，前台北市長吳三連、高玉樹等黨外人士之所以不能進入政府機關做事者這也是原因之一）。因為黨的文件很多，既不能按照一般收發手續，又不能列入普通檔案，因此每一個首長都必須有一位親信秘書（當然是黨員）專門負責處理；一則便於保守祕密，再則免於混入官方文書貽人口實。

記得有一次內政部長王德溥，因處理工人報的糾紛，不曉得什麼緣故，內政部竟把中央五組的一封要王部長在該案中予工會以支持的函件在報上披露了，於是輿論譁然，王德溥大受攻擊（對方的當事人是在 NACC 服務的黃遹培君，他的太太便是台北鼎鼎大名的英文《中國郵報》社長余夢燕女士）。經過這次教訓之後，中央黨部為了防止黨的機密外泄，特又訂定一種「黨的文書處理辦法」，通知從政黨員共同遵守。

法庭是明辨是非的地方，是莊嚴而神聖不可侵犯的，不但要超出黨派之外，任何人也不得干涉；不過只有在政治修明司法獨立的國家才能做到那種地步，我國在表面上也是號稱司法獨立的，但那是騙人的鬼話，所以我們常常聽到社會人士抨擊國民黨干涉司法。憑良心說事實上確是如此，至於干涉的方式，仍然是前面說過的那一套。譬如屬於最高法院管轄的案子，便由中央黨部的某個單位通知司法行政部，或最高法院負責從政黨員（如部長、院長、檢察長）指示如何辦理；屬於省級的，則由省黨部通知高等法院負責從政黨員辦理，縣亦如此。試想當一個法官接到黨或其直屬上司的指示之後，心裡早已存了偏見，那裡還能秉公裁判？早些年轟傳一時的「奉命不上訴」的笑話便是由此而來。一年前中國民主黨正在積極籌備的時候，國民黨決定全面予以打擊，使它無法成立，除了以軍、警、特務監視干擾之外，也發動到司法方面，像高玉樹之迭遭傳訊便是事例之一。請問這種種行為不是干涉司法是什麼？

國民黨（實際是蔣氏父子）干涉司法的另一惡果，乃是為司法人員打開了方便之門，本來台灣的公務員待遇菲薄，一個普通法官的月薪大概不足港幣二百元，如有子女的負擔，生活便感捉襟見肘；古語說：「衣食足而知榮辱」，薪俸既不足以養廉，就不得不在「外快」方面打主意，再加上黨的干涉司法，法律的尊嚴業已大折扣；神聖的國家法律既能無條件的為「黨」曲解，又怎麼不可為自己家人的生活曲解呢？縱然被人看破還會認為是在執行黨的命令哩。何況大家同病相憐，於是彼此心照不宣，實行了民主主義的「各取所需」；如此一來，司法界乃烏糟一團而為社會詬病了。溯本追源這一切都是蔣氏父子的罪過。

國民黨中央黨部指揮從政黨員雖然得心應手運用自如，但也有使它頭痛的事情，那便是中央級的民意代表：立法、監察委員和國大代表，這三種代表最初雖然也由國民黨推名產生，但退到台灣之後，時移勢易，差不多成為終身職了，只要局面不改，任何人也無法取消他們的代表資格，這和各院部會的首長任免全由中央決定的情形截然不同；因為這個緣故，所以常有部分代表不大聽話，在指揮運用上非常棘手。雖然他們都已納入了黨的組織，可以用立法委員黨部，監察委員黨部和黨團幹事會來約束他們，但因為那些組織的負責人，都是他們自己互相推選，甚至輪流擔任的，大家彼此一樣誰也管不了誰，因此特在中央黨部設立了一個「政策委員會」，由一位副秘書長主持其事，專門處理黨和他們之間的有關問題，例如說，立法院要討論《出版法修正案》了；監察院要彈劾俞院長了；國大代表們要求行使複決權了；那便是政策委員會生意興隆之時，但見一席席山珍海味，把一個個民意代表招待得酒醉飯飽，以便在會場中依照黨的指示而展開唇槍舌劍的熱烈戰鬥，這便叫做「黨政關係」。蔣氏父子的一切意圖，十之八九都能在議場中獲得通過者，便是因此之故。

看了上面的事實，就曉得了在老先生領導之下的中華民國，既非「法治」，也不是「黨治」，乃是百分之百的「人治」；而這個「人」也不完全是他自己，還要同時加上太子，換言之，現在的台灣是蔣氏父子共名統治的。可惜他枉被信徒們偉大偉大的歌頌了一生，連半點英雄氣概也沒有，既要獨裁便應該乾乾脆脆把憲法廢止宣佈獨裁；既要「傳子」便應該學學袁世凱的樣子，結束中華民國改元稱帝，以堂堂正正的儀式冊立經國為太子，將來「老王宴駕」之後，自然會名正言順地繼承大統；何必裝做一副偽君子模樣，假民主之名行獨裁之實，偷偷摸摸扶植兒子，弄得非驢非馬，千秋萬世背上「竊國傳子」的臭名？這和一個蕩婦一本正經地冒充貞女節婦，又有什麼兩樣?!

五年以前，王元龍自香港帶了一個叫做《袁世凱》的電影劇本請中央審核，太子先生看到劇中的洪憲皇帝許多地方和乃父非常相像，認為對「領袖」有影射之嫌，不准拍製，足見他們是如何的作賊心虛了。

**關於反攻支票**

「遺民淚盡胡塵裡，南望王師又一年！」這是南宋時期淪陷區中的老百姓渴望政府反攻的真實寫照；現在大陸同胞在中共血腥統治之下，較之那時受異族統治的人民還要悲慘萬倍，而政府的反攻支票卻一年又一年地不能兌現，到了現在不但海外同胞不再對這張支票寄以希望，即令在台灣本島除了老先生之外，似乎連那些御用的宣傳家們也叫得有氣無力了。

反攻支票是老先生親自開出的，前後共計開出三張了：

第一張支票是老先生於一九五〇年三月自行復職之後開出的，內容是：「一年準備，兩年反攻，三年掃蕩，五年成功。」應該於一九五五年兌現的；但五年到了，勝利年也過了，仍然連反攻的影子也看不到。

一九五七年五月在陽明山舉行過某屆中全會之後，老先生在中山堂歡宴大會全體人員，飯後他對那張支票有所解釋，他說：「我在三十九年（一九五〇年）說的『一年準備，兩年反攻，三年掃蕩，五年成功』那番話到今天我還認為是對的，在當時言五年之內，我們本來可以打回去，無如後來的形勢變了（他對如何變了未作解釋，似乎是指中共的海、空軍力量強大了），所以這個計畫未能實現。不過自現在起我相信四年之內，一定可以打回大陸，我是你們的領袖，決不欺騙你們……」大家聽了，立刻歡聲雷動興奮非常。這張支票是對內開的，報紙上似乎並未披露（大概他的宣傳人員也知道不能兌現，所以乾脆地不發表），所以知道的人不多，論時間現在又已過期了。

當去年五月老先生連任第三屆總統的時候，又開始了他的第三張支票，保證在他這個任期（六年）之內一定可以打回大陸，換言之，最遲在一九六六年以前可以打回去。老先生開的支票已有兩張證明是「空頭」了，至於第三張究竟能不能兌現，真是天曉得！但是如果我們仔細研究一下，便會發現一個祕密：那便是老先生反攻支票的兌現時間和他那總統的任期時間常常配合得恰好好處，試看他的第一個任期是在一九五四年屆滿的，而他的第一張反攻支票便到一九五五年；第二個任期是在一九六〇年屆滿的，而他的第二張反攻支票又開到一九六一年；很顯然地，他的用意無異告訴大家：這張支票在他這個任期裡無法兌現，要想兌現就必須再讓他連任一次。這個手法接連用了兩次，果然達到了他的目的（其實他不這樣開支票仍然可以連任的）。至於第三次為什麼不再多開一年了呢？一來因為這種手法已經用過兩次了，不好意思再用；二來三任屆滿，老先生已是八十高齡，雖然有此雄心，恐怕上帝也未必便會再給他六年的時間，何況太子在旁早已等得不耐煩了，如果再不退位，說不定還會來一次「宮廷革命」呢？

在中華民族的歷史上，亡國之君能及身而重行復國的，五千年來似乎只有一個越王勾踐（少康和光武本人都不是亡國之君），但吳、越的國力並不過於懸殊，而一個臥薪嚐膽，生聚教訓；另一個荒淫無道，窮兵黷武；在那樣龜兔賽跑的情形之下，最後才能反敗為勝。現在即令把中共比作夫差，但蔣氏父子能比得上勾踐嗎？所以外國人每次聽到台灣的反攻論調總是嗤之以鼻，認為那是神話故事，夢中囈語；香港人聽了多數也覺得肉麻；住在台灣的人雖然也不一定相信，因為這是他們唯一的希望，縱使明明曉得是一句空言，也只好懷著畫餅充饑的心情姑妄聽之。其實連老先生本人包括在內，也不相信在短時間內能打回大陸去的。例如第一張支票說：「一年準備」，現在已足足準備十一年了，據官方最近表示，還是只在接近完成階段，而沒有真正完成，那麼，以前那「一年準備」的說法豈不明明是「自欺欺人」之談？也許有人要問：既然如此老先生為什麼還要接二連三開出無法兌現的反攻支票，豈不等於一次次的自己打自己耳光嗎？那是什麼用意呢？談到這裡，我可以如見其肺肝地一句話說穿他的內心：「一切都是為了製造非常！」

台灣省議員李萬居的質詢十六點關於立法委員的任期問題說：

> 立法委員還不該改選嗎？中華民國的立法委員的任期，依照憲法第六十五條的規定為三年。第一屆立法委員於三十七年選出，到四十年業已期滿，應當重行改選。因為共匪叛國，大陸淪陷，政府播遷以致拖延到現在，已經整整十一年了。立法委員先生們幾乎成了終身職，似此下去，大家有恃無恐，對於什麼民意之應不應尊重，大家似乎忘記有那麼一回事了。他們已不能代表人民的利益，尤其不能替台灣人民的利益說話。舉例來說四十七年六月《出版法修正案》竟然不惜違反眾意，甘冒天下的大不韙

> 而予表決通過。其次《省縣市自治通則》條文二百七十餘條，一擱就是整整十年，還未見審查完竣，可見他們並沒有意思替選民謀利益。談到選民，他們的選民究竟在哪裡？他們所代表的是什麼人？今天自由中國的人民百分之八十是台灣人，全國所需要的人力、物力和財力，百分之百須靠台灣同胞負擔；在立法委員裡面五百幾十名的民意代表，台灣籍的立法委員僅有八名，似此豈能謂為事理之平？……政府方面則認為這是非常時期，立委沒有舉行改選，情非得已，但是在本省人方面則大惑不解，認為這個非常時期不知道要非常到什麼時候！

李萬居先生說的「這個非常時期不知道要非常到什麼時候」那句話，可說是接觸到了問題的核心，同時也說中了蔣氏父子的「心病」；他們父子所希望的便是把這個「非常時期」無限期地拖延下去，因為只有藉著「非常時期」這件法寶才能保得住他們蔣家的統治寶座。

中央政府轄有三十多個行省，所以它的組織基礎也是建立在這許多行省之上，到了一九四九年自大陸撤到台灣之後，三十多個行省只剩下一個台灣一省了；以人口論約占全國人口六十分之一，以土地論約占全部面積三百分之一，以如此的比例，怎樣可以代表整個中華民國？所以老先生認定「戡亂」戰役還未結束，一時的得失算不了數，勝負決於最後五分鐘。第二次大戰期間歐洲許多小國被德國侵佔，他們便赤手空拳在英國組織流亡政府，德國投降之後依然可以國土重光。現在以台灣本身力量，收復大陸固成問題，但如第三次世界大戰一旦爆發，民主國家打敗共產集團，豈不可以像二次大戰一樣重溫一次「接收」的舊夢？這是住在台灣的外省人（包括高級官員在內）的共同心理，他們也認為只有如此才有重返故鄉的希望，執政當局又何嘗不是這樣想法？他們雖然口口聲聲「不把反攻的希望寄託在三次大戰上」，「反攻大陸不要美國犧牲一兵一卒」，然而那純粹是漂亮的外交詞令，內心的打算正是持香祝禱第三次大戰早日發生呢（其實那是他們的夢想，中共政權固然遲早要垮，但代之而興的我敢斷定決不是蔣家父子的國民黨）。為了維持中央政府的組織基礎，所以必須要高呼反攻，表示他依然是整個大陸的正統統治者。

反過來看，假如老先生宣佈「不反攻了」其後果又怎樣呢？啊！那真是一個無法想像的嚴重問題，因為一宣佈「不反攻」，無異自己承認國共之間的戰事已告結束，一切都由戰時恢復到平時，雙方的現狀自然也都這樣繼續下去；請問基礎建立在三十多個行省上的中央政府如何自處？「皮之不存，毛將焉附」？基礎沒有了，中央政府還有什麼理由存在？首先發生問題的便是中央級的民意代表，李萬居先生說過：「他們已不能代表人民的利益，尤其不能替台灣人民的利益說話」，政府既然安於台灣一省了，有什麼理由不讓台灣同胞自己治理？退一萬步說也應該讓他們選舉省長完成地方自治。如此實權就到了台灣人手裡，中央政府即令存在也只能是一個形式或「府、院、合一」——行政院長兼主席，各部會首長兼廳處長（其實現在便應這樣作，可以節省無數人力、物力，縮短公文旅行的旅程，唯一的缺點只是官減少了，無法安置蔣氏父子的親信），那些不屬於台灣的立法委員、監察委員、國大代表們又哪裡還有存在的餘地？到了那時整個政府的組織系統非要徹頭徹尾另起爐灶不可；以「非常時期」為掩護的一切「非常措施」再也無法施其伎倆。如此一來，非但太子的繼承美夢頓成泡影，連老先生覇佔多年的統治寶座也會馬上喪失，這才是蔣氏父子的最大危機，而在一手操縱中國命運數十年的老先生和視權力如生命的太子先生如何可以忍受？為了維護他們的既得利益和竊國計畫，不能不高叫「反攻」；為了造成「非常時期」的「非常局面」，更不能不高叫「反攻」！

由於反攻的支票久不兌現，以致師老兵疲人心苦悶，一般人民只知貪圖目前享受不作長遠打算，因之貪污奢侈之風彌浸全台；豪門權貴更爭先恐後地把他們的子女千方百計送往美國，作狡兔三窟的準備，開明如陳誠先生且亦不能「免俗」（他的長女英文名叫安琪娜，次女英文名叫蓮達，她們在魏斯理女子學院畢業之後，仍然留在美國做事，她們的弟弟陳履安英文名叫勞倫斯，在麻省理工學院讀書，姊弟三人都住在波士頓。她們之中有的是藉著中學生留學考試那扇方便之門出去的），等而下之可想而知。

至於軍隊方面，士兵待遇既苦，還鄉無期，既嘗不到家庭的溫暖，又抵受不住外界物欲的誘惑，滿腹牢騷乖戾之氣，稍不如意即行爆發；一九五三（？）年度政治行動委員會工作檢討會中，據憲兵司令部報告該年度軍中特種案件（即軍人犯罪）共達一千四百餘件，平均每日發生四件，可謂驚人。其中又以「犯上」案件佔最大多數，士兵槍殺班長者有之，殺排、連長，指導員者有之，下級軍官因求愛不遂殺人全家者亦有之，（如三勝橋案，但不包括特種案件之內）；凡此種種都是由於心中苦悶藉故發洩，實行退除役辦法之後，大徵新兵入伍，因能發生新陳代謝作用，情況也許改善了，但士兵成分外省人和本省人卻漸漸變成了主客易勢，這也是蔣氏父子最感頭痛的一個問題。

上面所談都是屬於老先生不光榮的一面，但這並不等於說他一些優點也沒有，我以為他的最大優點是心腸慈愛——對兒孫的慈愛；因為他不惜犧牲自己一世英名來為兒子「打江山」，不惜竊取國家的官位來便利愛孫在外國出風頭，真算得上二十世紀「最偉大的父親」和「最偉大的祖父」啊！

# 第二部
# 我為什麼脫離台灣國民黨

# 自序

我在國民黨中有三十年的黨齡，在他們的特務機關裡也有二十多年的工作歷史，直到一九五九年一月，我還是他們駐香港的「聯戰」——等於中共的統戰——部門的負責人；以這樣的關係，也許有人認為我不應該突然在這時候反過臉來，攻擊國民黨。這話表面看來，似乎是不無理由，然而朋友！你認識他們的真面目是如何的醜惡嗎？你曉得他們怎樣可恥地殘害他們的工作同志嗎？我雖然為他們獻出了半生精力，並且替他們冒死工作，但因為缺少有力的大人先生作後台，所以到處受他們的歧視與打擊。

兩年以前，他們一位紅得發紫的要員——中國國民黨中央委員兼中央委員會第六組主任陳建中，肆無忌憚地吞沒了四十多萬元港幣的工作費——請認清楚這些錢都是國民黨自國庫中取來用以和中共鬥爭的——被我詳細而具體的檢舉了，照常理說，這案起碼應該徹查究辦才是，然而因為他是蔣經國先生最寵愛的大將之一的關係，國民黨中央委員會的袞袞諸公，竟都一個個噤若寒蟬，沒有一個人敢說一句公道話，公然讓太子先生一手包庇起來，不但貪污的被告，安然無事，越來越紅，反把我這個原告立刻撤職，撤職之不足，還要以卑鄙手段殺以滅口；暗殺不成，又想利用外力連我那無辜的妻兒也一併推下火坑。試想他們還有半點人性嗎？古今中外有這樣的例子嗎？從前君主專制的時候，遇到這類事情，真是毫無辦法，而且有的還把皇帝的賜死，一樣看作皇恩浩蕩，臨刑時依然作著「臣罪當誅兮君王聖明」那樣言不由衷的歌頌。然而現在畢竟是二十世紀的核子時代了，除了共黨國家之外，大半都是以「自由民主」相標榜，感謝上帝！我們再也不必那樣毫無條件的為一人一姓作奴隸到底了——即令在專制時代，孟子也主張「君之視臣如手足，則臣視君如腹心；君之視臣如犬馬，則臣視君如國人；君之視臣如草芥，則隱視為如寇讐」那樣以眼還眼，以牙還牙的，我們更沒有向劊子手感恩的義務了。何況我已經很榮幸的被那個貪污集團——向貪污集團檢舉貪污，只好怪自己瞎了眼睛——一腳踢了出來，同時我也正式聲明脫離了台灣國民黨；如此一來，我和國民黨的關係，不是已經完全斷絕了嗎？這恰和經過法庭判次後的離婚夫婦一樣，男婚女嫁，都有百分之百的自由，誰也沒有再為對方「守節」、「守義」的義務了。

更重要的是經過這次事件之後，我已清楚地認出了國民黨中某些大人先生們的「廬山真面目」和他們許多藏在幕後不為人知的罪惡勾當；為了讓海外的愛國僑胞和世界人士，對他們有進一步的認識，所以我要乘此機會，痛痛快快地暢所欲言，縱然有時免不掉觸及他們不願人知的祕密事情，因為我已沒有了為他們保密的責任，因而也顧不得許多了。

我是不大會寫文章的，除了二十多年前在家鄉為了幫助朋友與人論戰，曾在報上發表過一篇反駁文字外，直到現在，從沒有公開在報刊上寫過任何東西，所以陳建中同中央黨部秘書處毀謗我是一位「不能動筆的秘書」。但是現在為了揭發某些人假面具後邊的猙獰面孔，更為了洗刷某些人栽誣到自己頭上的「莫須有」罪名，迫得不能不挺身而出為自己辯護，因此，對於自己的文字工拙，也就無暇計及了。

國民黨中某些人是沒有法律觀念的，尤其是蔣經國先生領導下的特務部門，他們可以隨便找個理由，把一個人關進監獄——當然不是國家監獄——裡若干年，時間長短隨他們高興，也可以不經過法律程序，而把一個人祕密處死，政治暗殺更是他們的拿手好戲。我雖僥倖逃過上次一關，但是此書一出，還不立刻成為他們天字第一號的大敵人？一定要「得而甘心」，會把我當成國民黨的陳寒波的。這種情形，我當然非常了解，然而一個敢於動手「捋虎鬚」的人，是不在乎「膏虎胳」的，且看劊子手們如何表演吧！

本書出版之後，專門製造帽子給人戴的國民黨，至少會送給我「叛國」、「叛黨」、「通匪」三頂帽子，然而，抱歉得很，這些帽子一頂我也無法接受：說我「叛國」嗎？我是擁護中華民國的，但這並不妨礙我反對弄權竊國的人，雖然太子先生的邏輯是：「反對我重用的人，就等於反對我，反對我就等於反對我老子，反對我老子就等於反對黨和國家。」然而那只是他自己的怪邏輯，沒有人會承認的。如果他們說我洩露國家機密，但我認為那機密只是屬於他那「小朝廷」的，而不是屬於國家的；把「竊國者」的罪惡揭發出來，對爭取國家的民主自由只會有益無損，正是愛國，怎能算是叛國？說我「叛黨」嗎？假如我現在還是「蔣家黨」黨官，或者是它組織中的一分子，這樣做可以說是「叛黨」，但事實上我已被

「蔣家黨」踢出兩年多了，而且我也正式聲明過和它以及它的一切組織完全脫離關係，我們之間，已無任何瓜葛，我是站在中山先生信徒的立場，向國人揭發「篡黨者」的罪行，喚醒真正的國民黨員，發動「國民黨復興運動」，正是「救黨」，怎能算是「叛黨」？說我是「通匪」嗎？慚愧得很，我這一生還沒有一個相識的人是共產黨員，我的「地主兼國特」的歷史，更是我的最好證明；這頂帽子，雖然是國民黨最負盛譽的精心傑作，可惜不合我的尺寸，還是留著給那些組織新黨的台灣人戴吧。

這不是傳奇故事，也不是偵探小說，這是我親身經歷過的，百分之百的血淋淋的事實；其曲折離奇，驚險緊張之處，相信較之任何偵探小說都無遜色，只可惜我這一枝笨拙的筆，描寫得不夠生動而已。親愛的讀者們！請仔細欣賞一幕活生生的電影吧。

孫家麒　寫於一九六一年十一月十二日

# 一、我怎樣做了「國特」

一九四四年五月中原會戰之後，河南省政府被迫撤退到宛西的內鄉縣丹水鎮，那時我正擔任著河南省政府調查統計室的副主任職務，由朋友介紹，認識了一位留英的張先生。因為丹水是個極小的山城，房屋奇少，所有機關完全是借住民房，吃、睡、辦公都在一個地方，平日的衙門氣勢一掃而空。所以彼此訪問起來，非常方便，即連我所服務那個「外人莫入」的特務機關，也一樣可以招待「非同志」的客人。一天，張先生到來訪我，看見桌上玻璃版下壓著這樣的一副聯語：

仰觀不愧，俯察不作，內省不疚，何必媚神鬼？
富貴不淫，貧賤不移，威武不屈，可以傲王侯！

「這是哪位撰的？」張先生帶著懷疑的眼光問。

「是我胡亂寫來勉勵自己的。」我不好意思地回答。

張先生又上下打量我幾眼然後說：「我平生只見過兩位朋友做著和他的品性極端相反的工作，你便是其中之一。你好像不是此道中人，怎麼會走進這個圈子裡來？」

當時我對於他的看法，頗不以為然，並向他解釋情報機關並不像社會上一般人所傳說的那樣壞，它和其他的團體並無不同，人員方面一樣是良莠不齊，有好人也有害群之馬，只不過因為情報人員的環境特殊，容易遭人誤解罷了。然而這個解釋並不能使他滿足。

真的，我的嫉惡如仇的個性，硬碰硬的作風，是不宜於情報工作的——豈但情報工作？其實完全不適宜在政治圈子中混的。不僅張先生的看法如此，另有幾位朋友的看法也是一樣。然而我究竟怎樣會走進這個圈子裡來的？追本求源，不能不回溯到抗日戰爭初起的時候了。

一九三八年春天，台兒莊會戰之後，國軍紛紛自徐州沿隴海鐵路向西撤退。自徐州至鄭州這一帶是一個廣大的平原，毫無險要可守，各地的民眾，雖然也在軍隊指揮之下做著防禦工事，但在明眼人的心裡，知道這些措施至多只能遲滯敵人的行進而已。

這時是抗戰初期，無論軍民都是敵愾心最高的時候，青年們個個都是滿腔熱血，有的回到後方參加軍事訓練，有的留在當地準備和敵人打游擊。那時我正是一個二十多歲的青年，剛剛交卸了虞城縣的區長職務，回到商邱——我的家鄉——眼看敵軍壓境，也為著去留的問題而猶疑不決。恰巧軍統局（軍事委員會調查統計局的簡稱）派在商邱的「歸德組」負責人是一個招搖撞騙的流氓，身分暴露到無法立足，因此他們決定重新佈置，完全吸收新人，擺脫舊的關係，希望在敵軍佔據之後，仍能照常活動。我經了朋友的介紹，於是便負起重建

「歸德組」從事敵後地下工作的艱鉅任務來。誰曉得一參加便是二十多年。

說起最初參加「特工」的經過，現在想來還覺得有點滑稽，當時，我對於特務工作，完全一竅不通，所以一切都是百分之百的外行，我之所以敢於毅然決然不顧一切地擔任下來，純粹為了這是一個抗日報國最佳機會的緣故。

負責佈置的人是岳燭遠先生，他首先給我來個考試性的實習，要我把當時國軍佈防情形和地方團隊的實力作一個簡要報告——考驗編審能力，接著又給我兩本密電碼，要我再把這個報告譯為電碼——考驗譯電能力，兩俱滿意之後，又要我負責物色幾個新人讓他選擇，經我幾度考慮才決定把我認識最深的孫敬軒、李蔭祖、侯亞南和由亞南推薦的宋漢民介紹和他見面，經過個別談話之後，岳先生對他們四位都很滿意，決定一起試用，新的「歸德組」便在兩天之內迅速地建立起來了。

大概由於時間過於匆忙無法作調查考核工作的緣故吧？岳燭遠先生對於我們這幾個臨時拉來的人，似乎信心不強，而當時的情況，又是一夕數驚，日軍有隨時竄到的可能，根本沒有讓他從容佈置的餘地。所以我們的待遇也定得最低：全組每月經費只有一百八十元，我的待遇最高也不過六十元，而且又要兼辦譯電、交通、勤工四個人的工作，可算特工史上最低微的待遇了。然而我們當時並無絲毫不滿之處，因為我們在那個強敵壓境的苦悶環境中畢竟是報國有門了。

「歸德組」成立不到一個星期，商邱便被日軍佔據，當時我要負責掩護兩部電台——一部是自己的，另一部是屬於航空委員會，因為走頭無路，臨時求我協助的，兩個報務員都是過慣都市生活的外省人，住在農村裡，非常惹人注意，為了減少危險，只有把他們接到我的家裡去——後來我的村子被日偽當局接連洗劫了三次，便是為了搜查電台的緣故。

社會上有些人是經不起考驗的，宋漢民君在未參加這個工作的時候，談起對日戰爭來，總是慷慨激昂，目眥欲裂的樣子，很像一個標準愛國者，想不到日軍到了之後，他首先表示要退出組織，而且不久又參加了維持會，幾位同志為此惴惴不安，生怕他加害我們，然而我以為這樣膽小的人，決不敢對我們怎麼樣，況且他也不是什麼大奸大惡之流，只是膽小、投機而已，便也裝成若無其事的樣子，並且告訴他。「日軍一到，電台上的人都跑了，和中央方面已經斷了聯絡。」因為時間極短，宋君果然深信不疑，所以一直也沒有找過我們的麻煩，但我們的組織卻由五人而減為四人了。

開始的時候，我們的任務很單純——了解日軍的情況。所以我們只要掌握了火車站、營房、飛機場和幾條重要公路，日軍的動態便可瞭如指掌了，然而我們四個人的精力無論如何都無法兼顧得了的，因此非運用一部分人不可；好在我們幾個人的家境都還過得去，並不一定靠薪水過日子，於是每月便拿出一部分錢僱用幾個運用人員，日軍的動態便完全掌握在我們手上了。

我們的經費差不多中斷了一年，不僅我們自己拿不到錢，還要負責電台和運用人員的費用，我曾墊付了三千多元聯合儲備銀行的偽幣，後來收回的法幣，連原來十分之一的價值也抵不上了。

豫東是一個一望無際的大平原，也是北伐前後作戰最多的地方，所以軍隊遺留在地方上的槍枝也最多，幾乎是村村有槍——少者三、兩枝多者數十枝——地方上的自衛隊，便是由這些武裝村民中抽調出來的。地方淪陷之後，大家為了保家保產，有槍的人很快的便組織了起來，所以不到幾天功夫，到處都是形形色色的抗日游擊隊了。

按當時游擊隊的性質可分為兩大類：一類是純由自衛隊組成的——這是真正保家保產的良民，另一類是由土匪轉變的——依然是一支游擊其名搶劫其實的土匪隊伍。最初是大小數十股，不相隸屬，各自為政，後來經過了幾次兼併，股數少了，而每股便都有了可觀的人數。那裡雖是到處平原，無山川險要可守，但他們因為佔到了人和、地利的便宜，利用遍地「青紗帳」的天然掩護，抗日雖感不足，擾亂卻仍有餘，因而弄得日軍疲於奔命，頭疼異常。

我們四人中對游擊最感興趣的是孫敬軒，這時他已擁有人槍二、三百，在許多游擊隊之中是一支頗為像樣的隊伍，為了將來的更大目的，我讓他全力從事游擊工作，特別注意對優秀游擊幹部的聯繫。

六月上旬的黃河決口，阻止了日軍的西進，廣大的黃汎區，隔成了「楚河漢界」，雙方都無法用兵，因此，豫東地區便成了敵人的後方。

日軍為了早日恢復地方秩序便於他們統治，特派曾在日本士官學校畢業的柘城縣人張嵐峯為豫東招撫使，對地方上的游擊隊負責進行招撫工作。這時的游擊隊只剩了幾個大股，張嵐峯因為有日軍作後台，對游擊隊威脅利誘雙管齊下，況且高粱收割之後，無處隱蔽，糧食彈藥都成問題，因此，幾支由土匪組成的隊伍——如崔華山、袁天桂、孫法警之輩，首先投向張嵐峯，接著那些保家保產的隊伍也先後為張收編。我為了掩護工作和將來在偽軍裡發生作用，便讓孫敬軒也率部向張投誠，被編為第二支隊，敬軒仍任司令並兼任商邱城防司令，所屬部隊駐守城關擔任防務。這樣一來，我們馬上便把電台搬進城裡去，而各種活動也得到無比的便利了。

黃河決口之後，遍地洪水橫流，水域既寬且淺，根本無法用兵。豫東地區，日軍已不重視，不過留守少數部隊，監視偽軍維持地方治安而已，所以我們也沒有什麼有價值的軍事情報供上面參考了。這時由於偽軍日漸長成，上面來電指示要我們以全部力量從事策動偽軍反正工作，這個任務，披說是異常艱鉅的，尤其在國軍節節敗退，南京偽府成立，偽軍日漸壯大的時候；然而我們因為佔了地利、人和的優越條件，自信尚不是沒有成功的可能，因而我便欣然接受了這個命令，積極展開工作。

# 二、偽軍反正與張人傑之死

當時的偽軍已正式編成「和平救國第一軍」，直屬南京、汪精衛政府，軍長張嵐峯、參謀長潘伯豪，三個師長為李中毅、曹大中、宋克賓，下轄六旅十二團，差不多已有人槍兩萬多了。

這個部隊有兩個特點是一般軍隊所沒有的：第一、軍人少而農民多，尤其職業軍人，可以說少之又少。第二、地方色彩異常濃厚。由於官兵全部都是地方人，大家非親即友，甚至很多都是自備槍彈，選定一位平日他所崇拜的人物來追隨，所以這些子弟兵對個人的重視有時竟會超過軍律之上，而真正能掌握他們的，正是這些中、下級幹部，高級軍官反而不如他們。

軍長張嵐峯是一個投機分子，據說他在西北軍某部參加長城抗日的時候，便有漢奸嫌疑。豫東淪陷前夕，他恰又悄然返里，那時便有人猜測：一旦地方淪陷，它可能利用士官畢業身分出來作漢奸，後來的事實，果然如此。偽軍組成之後，他曾對敬軒祕密表示：「我們跟著汪先生走是不會錯的。」所以那時國軍方面雖然屢次派人勸他反正，他都只是虛與委蛇不作表示。實則他早已拿定主意走汪精衛路線，他之所以還和國軍方面週旋著，不過是腳踏兩隻船的手法，不敢杜絕中央這條路而已。因此，我們當時斷定，向他作策反工作，一定是勞而無功，說不定打草驚蛇，會把事情弄得更糟。至於三個師長，除了宋克賓是本地人外，李中毅和曹大中兩個既不是本省人，他們和張嵐峯又都是日本士官學校同學，還有親戚關係，而且他們都是赤手空拳為張邀來擔任高職的，要他們背張行動，也似乎不大可能。所以這些高級指揮官，都不是我們「策反」的理想對象。

這時孫敬軒已被任為曹師旅長，張人傑（軍統局運用人員受鄭州方面指揮）任李師旅長，共有四個團的基本力量，只要能把其餘八個團掌握半數，我們便「三分天下有其二」了；因此，我們決定以孫、張兩旅為基礎，選派適當人員；分別向其他各團中的營、連長，積極展開爭取、說服等工作。經過大家一年以上的艱苦努力，各團的中、下級幹部半數以上都和我們發生了關係，必要時都可以隨孫、張二旅共同行動。於是終於在一九四〇年六月二十九日造成了偽軍全軍反正的一個動人場面，汪精衛的和平救國第一軍也一變而為「陸軍新編第七軍」了。

新七軍反正之役，除了我們幾個不能露面的地下人物之外，以孫敬軒、張人傑兩位出力最多，他們都是參與直接行動的重要角色，不過因為張人傑將軍以前在西北軍做過師長，資歷比敬軒好得多，所以中央派他為軍長。原來的三個師長，雖然也都反正過來了，但因不是主動——事實上是形勢所迫不得不爾——所以只是保留原職——仍任師長。按說這個處置已經是非常公平合理了，但因為張在偽軍時，是李中毅下面的旅長，現在一夜之間突然變成了他的頂頭上司，心裡不服，便聯合曹、宋二人起而反對。假使當時第一戰區當局能夠放開眼界而不別有用心，從中妥為疏導，未嘗不可以大事化小小事化無的，無如豫皖邊區的何柱國和黃河西岸的孫桐萱，都對這塊肥肉饞涎欲滴，一心一意想攫為己有，充實自己的集團軍力量，而一戰區長官衛立煌和參謀長郭寄嶠也存著漁人得利的心理，根本沒有平息該軍人事紛爭的誠意。於是曹大中得到何柱國的支持，李中毅得到孫桐萱的撐腰，越發肆無忌憚，三個師長聯合向一戰區長官部要求對該軍軍長人選重行慎重考慮，於是司令長官衛立煌便以「輿情不洽」為藉口，自作主張，把張人傑調為豫南游擊副總指揮（這是一個虛名義，事實上是投閑置散）——一個在敵人鐵蹄之下鬥爭兩年，率領兩萬餘人大舉反正的民族英雄，剛剛不到三個月，便成了「狡兔」死後的「走狗」了！

張人傑的調職是長官部擅自決定的，他當然不甘被人如此擺弄，邀我陪他到重慶去想辦法。到了重慶，我們在中央訓練團黨政班第十二期受訓之後，蔣委員長約他吃飯，當面問他各種情形，並叫他早日返防，原來直到那時，最高當局對張人傑軍長調職的事還是一字不知，足見衛立煌是如何的專橫了。張軍長在這種情形之下，感到非常尷尬，又不敢坦率報告，只好含糊其詞敷衍過去。後來透過「軍統局」負責人戴雨農先生的關係向中央建議，把新七軍調往陝西整訓，改由八戰區副長官胡宗南指揮，完全擺脫一戰區的控制。在這一段時間裡，衛立煌曾向中央連上兩個電報，要求中央承認他調張的既成事實，但都被批駁了。

當衛的電報被批駁，新七軍改隸調防的命令發出之後，我們滿心以為惡劣的局勢已被扭轉過來，張軍長更興高彩烈地準備先到西安去等部隊。恰在此時，衛立煌乘中央開「中全會」之便，親自到了重慶，向中央攻擊張軍長在新七軍裡不孚眾望，如果中央堅持不予調整，所屬各師恐有譁變的危險，這個責任一戰區負不了；況且長官部把張調職的處置，一戰區盡人皆知，中央如果不予支持，他也無面目再回洛陽，經過如此數次的去就力爭，中央終於接受了他的要求，把張軍長調為軍事委員會中將參議，另派彭杰如充任新七軍軍長，不過仍要貫徹改隸八戰區調防陝西的命令，這樣一來，許多妄想把新七軍攘為己有的野心家，依然都落了空。

也許最高當局感覺到太對不住張人傑吧？在他調職沒有多久，便接到了特准入陸軍大學特別班深造的命令，在當時來說，這也算是一種不可多得的光榮，雖然丟了軍長，但能特准入「陸大」深造，說不定將來會有更遠大的前途，也未嘗不算「失之東隅，收之桑榆」啊。

這是一九四一年四月發生的事，距離「陸大」開學的日子，還有半年多，張人傑為了料理家事，同時也為了籌措求學那段時間所需費用，於五月上旬自重慶回到鄭州。據說在經過洛陽的時候，說了一些牢騷話，大大地觸了某些人之忌，在他回到他的故居——鄭州柴郭村——不到一個月，便於一個黃昏被幾個武裝暴徒把他自家中拉出村外槍殺了。一個愛國英雄，結果落得這樣的悲慘下場。當時我作客界首，聽到這個驚人的消息，真是欲哭無淚，次年在成都時，中原大旱，曾作了一首七古來哀悼他，詩雖十分俚俗，不值得方家一笑，但寫的都是事實。內容是這樣的：

〈**悼張人傑將軍**〉

嗚呼將軍人中傑，河嶽靈氣毓忠烈，
黃河滾滾嵩嶽高，砥礪將軍冰雪節。
將軍受書束髮初，英姿了了與人殊，
一人何似萬人敵？投筆仗劍讀陰符。
辛未烟塵起東北，河山半壁變顏色，
壯士揮戈出陰山，多倫一戰殲強賊；
鴻圖暫迴勤王師，歸馬解甲呑聲悲！
蘆溝橋下河水赤，又是男兒報國時，
晉南再殲倭奴首，翼城三易漢旌旗。
為探驪龍頷下珠，不耻北面事狂胡，
殺敵原擬拚一死，報國何惜千金軀？
艱辛擘劃兩經秋，沙宜不守滇邊愁，
義旗一舉震天地，宇內爭識韓荊州。
征車暮踏秦嶺雪，戰馬曉嘶蜀天月，
復興關上謁元戎，舉杯相慶功卓絕。

功成反被寇仇傷，噩耗乍聞欲斷腸，
可憐伯道空有女，遺恨應同日月長！
嗟我困居穎水上，故園隔水可相望，
君今家在身已亡，我則身存家已喪；
三年相伴虎穴中，肝膽精誠矢相向，
犯危行間同斯役，善後無謀空惆悵！
聞道中原草無色，哀聲正動黃河曲，
老轉溝壑壯逃亡，餓莩白骨委路側；
哀哉君亦住中州，黃汎滾滾繞村流，
正是人間活地獄，老弱何能作遠遊？
泉下有知應一哭，長歌賦罷我心憂！

張人傑被害之後，當然也有例行的緝兇工作，然而兇手都是些沒有佩帶符號的軍人，他們事前有週密計劃，做得乾淨利落，幕後主持的當然是些強有力的人物，所以緝來緝去，連一點影子也沒有發現，一代英雄便這樣永遠含冤莫白了！

## 三、新七軍事件的檢討

新七軍軍長換了彭杰如，調到陝西之後，馬上進行整編，首先按照國軍編制，把旅取消；六個旅長都調為胡部少將參議。接著把團、營、連、排等中、下級幹部，先後調往西北游幹班受訓，受訓之後，有的暫時仍回部隊任職，有的乾脆另調一個閑差事；不到半年，所有各級幹部，十之八九都被當時胡宗南主持的軍校七分校畢業的學生所代替。新七軍的名義雖仍存在，但已面目全非了。

這個部隊，我在前面已介紹過，完全是地方團隊，最重人與人間的感情，假使在豫東的時候，不是這班幹部，而是些和他們毫無關係的外方人率領，我敢斷言，不管他們是什麼軍校畢業，休想把他們帶過黃河反正的。最大一個問題是差不多每個軍官都有家眷——因為不帶出來怕遭敵偽毒手——這是一個異常沉重的負擔，在職的時候，大家互相幫忙，還能勉強維持，一旦調了閑缺，雖然薪餉仍可照拿，但用來養家便談不上了，因此許多軍官在把他們多年相依為命的人和槍——這些槍大半都是他們用自己的血汗錢買來的——交出之後，為了生活無著，為了滿腔悲憤無處發洩，紛紛悄然東返，再度投向張嵐峯，死心塌地地二次作起漢奸來。張嵐峯的和平救國第一軍，在新七軍反正後，雖然只剩了一個特務營，但由於日軍的大力扶植，再加上「反正」幹部的「反反正」，因而聲勢大振，不久之後，便又完全恢復舊觀了。

新七軍的反正，在軍事方面說，它的價值並沒有什麼了不起之處，因為他們既沒有收復若干失地，也沒有殲滅多少日軍，更沒有配合國軍贏得什麼勝利；然而在政治方面便完全不同了：當時國內的情勢是沙市、宜昌失陷，國軍狼狽入川，各地軍事失利，正是士氣衰頹的時候。國際方面：英國封鎖滇緬公路，斷絕了我國唯一的對外交通，美國依然和日本做生意，照常賣給他們戰略物資，正是孤立無援，獨力苦撐的時候。可以說國內外的情勢，都非常險惡。新七軍在國家這樣危疑震撼之際，不顧一切地毅然反正，在當時的確算是難能可貴；這一行動，至少可以收到下面幾項效果：

（一）讓世界各國明瞭中華民族畢竟是不可侮的，它縱然在不得已的形勢下，屈辱一時，然而一有機會它便會倒戈相向，決不甘心作漢奸。

（二）提高國軍士氣，在宣傳上佔了優勢。

（三）使日軍對所有偽軍不敢相信，迫得處處都要留置部隊駐守，兵力分散，減輕對國軍的壓力。

（四）替所有偽軍打開一條走回祖國之路。

假使當時負責處理新七軍問題的人，能夠放開眼界，擴展胸襟，以大局為重而不另存私念，把它處理妥善，相信在以後的五年抗日戰爭中，一定會有更多的偽軍源源來歸的。不料這些邊疆大吏，目光如豆，只看到眼前的個人利益，不為國家著想，甚至連中央的政策也不屑一顧，只曉得「抓番號」擴張兵力，認為新七軍是自己送上門的買賣，「天與不取，反受其咎」，於是千百個反正幹部，都在「不是軍人」，「非軍校出身」的理由之下被淘汰了。

平心而論，新七軍的各級軍官，大多數都是不夠一個現代軍官的條件的，因為他們十之八九沒有進過軍校，士兵的訓練工作也做得不夠。當然，以這樣的質素，不加整頓是無法成為勁旅的。不過我以為新七軍是一支特殊部隊，絕對不可把它和一般軍隊等量齊觀；固然他們的條件欠佳，然而這些缺點不是不可以逐漸補救的。況且自偽軍組成起，到調陝整訓止，中間經過了三年的時間，所受的訓練也可以勉強應付了，為什麼一定非把他們換掉不可呢？說他們不可靠嗎？他們剛剛受過考驗，而且連家眷也帶來了，這樣還不足以取信嗎？縱然有少數人真的不行，非調整不可，然而也應該調查清楚了解他們的實際困難，作一個妥善安排才是，又怎能一紙命令調職了事死活不管呢？要曉得他們是「出入相友，守望相助，疾病相扶持」的一隊子弟兵，一個人受了委屈，全體都會有「兔死狐悲」之感，而寄予莫大同情的。然而我們的胡將軍對於這些情形似乎是不屑一顧，他只曉得這枝隊伍既已由他指揮，便等於為他所有，人事的調整，當然有其全權；他的最大興趣，只在「新七軍」這個番號——產生一個番號非常困難，他是無法私造的——和士兵身上，至於那些「毀家紓難」的幹部，在他看來不過是些愚蠢的「義務招募人」罷了，那裡還值得為他們勞神？於是經過無數人出死入生歷盡艱險苦心培植出來的燦爛成果，便被那些所謂「身膺方面重寄」的大員們輕輕地斷送了。從此偽軍反正一曲，成了絕響的「廣陵散」，而「六、二九」之役，也成了對日抗戰史上偽軍大規模反正的唯一紀錄了。

張嵐峯重整旗鼓之後，直到日本投降，五年之間他始終舒舒服服安安穩穩地坐鎮豫東；勝利之後，接受政府改編，依然原官、原職、原防地；雖然一夜之間，旋乾轉坤形勢大變，但是在他說來，卻並無絲毫異樣。像這種作漢奸到底的名利雙收，愛國反正的反而受盡歧視和打擊，世間的事還有比這更不公平的嗎？我實在無法想像得出，當宋克賓、曹大中、李中毅、孫敬軒諸人和張嵐峯再度會面的時候，當張嵐峯洋洋得意地述說自己眼光獨到而嘲笑他們自作聰明的時候，那一種尷尬場面才使他們哭笑不得呢！

說實在的，自從新七軍事件以悲劇收場後，我的內心始終覺得自己無形中成了個大騙子，欺騙了許多可愛可敬的人，尤其對於張人傑、孫敬軒兩位更感到無比的內疚，他們兩位出力最大，結果，不僅丟了官位，有的連性命也送掉，雖然這都不是我的責任，但每次想起，自己的良心上總覺得時刻難安似的。記得反正之前，敬軒曾和我討論過這個問題，他以為張嵐峯對他極為器重，張曾告訴他：「跟著汪先生走絕沒有錯」，以汪的過去歷史看，似乎不致於甘作漢奸，他以為汪與中央必有默契，這些部隊實力不強，反正與否無關大局，不如等待適當時機，或能發揮較大作用。當時我告訴他：「汪作漢奸是真是假，只有將來才能證明，現在誰也無法斷定。不過依整個局勢看，中央似乎沒有讓他投靠日軍組織偽政府和重慶對立的理由，試想這樣做於國家民族究有什麼好處？既然毫無好處，中央何必要他這樣出醜？我以為無論如何不能跟汪走，尤其我們上級要我們全力從事偽軍策反工作，更足證明汪的路線絕不可靠。至於時機問題，能在緊要關頭裡應外合為國軍爭取一次大勝仗當然最為理想，不過現在的地理環境變了，兩軍隔著廣袤數十里的黃汎區，又是到處淤淺無法行船，恐怕誰也不肯冒著全軍覆沒的危險，敢於敵前登陸。在這種情況之下，我以為將來豫東附近地區，不會發生大戰。即令我們報國有心，恐怕也要感到英雄無用武之地。如果在沒有重要戰役時起義反正，我以為與其等將來局勢好轉的時候行動，遠不如乘現在局勢惡劣的時候行動為佳；因為局勢好了，誰還稀罕這支部隊？反而在局勢壞的時候反正，恰如給國軍打一針強心劑，才足以顯示我們不是投機取巧而是真正的不計利害為國為民。」我們這樣反覆辯論了半夜，最後他同意了我的觀點。後來，每當我想起那場辯論，更覺得慚愧無比。那時我的心情惡劣萬分，看了下面當時寫的兩首七律。便可知其梗概了：

〈**感懷**〉

詩酒絃歌了半生，不將斟唱換浮名，
存真豈入時人眼？抱樸尤乖濁世情。
報國初無駟馬望，毀家贍有隻身輕！
年年落拓江湖上，怕倚危欄對月明。

〈其二〉

驚看鏡裏鬢霜催，三渡嘉陵人未回！
廿載讀書知不足，五年學劍願常乖。
探驪幸保頭顱好，逐鹿苦無牛馬才，
又見盟軍傳捷訊，登台東望不須哀。

孫敬軒自新七軍下來之後，曾擔任過別働軍第五縱隊的副指揮官兼支隊司令，活動於豫皖邊區一帶，勝利後任河南省鹿邑縣縣長，一九四七年春天，鹿邑被共軍攻破，敬軒和他的秘書莫溥陽（是一個很有前途的青年詩人，也是我的好友）一同殉難。李蔭祖在次年六月開封失陷時遇害，當時他擔任開封軍警聯合稽查處副處長。侯亞南本來已在一九四九年夏天自上海到了台灣，後來又被保密局派回大陸打游擊，重慶淪陷不久，便被共軍殺害。至此，我們的四人小組，只有我算是僅存的一個了！

# 四、初嘗「排斥」滋味

一九四九年春天，國共和談破裂，共軍渡江進攻京滬的時候，我正隨著河南省政府駐在賀勝橋——是粵漢鐵路的一個小站——當時我在河南省警保處任副處長，因為時局變化莫測，妻又帶著家人隨考選部遠在廣西梧州，為了未來的去向必須從長計議一番，因此我便請假前往廣州，再乘船由西江上溯梧州。當時那裡的秩序已不大好，船在肇慶附近，曾有兩次被岸上匪徒槍擊，幸都有驚無險。

那時政府已決定遷重慶，我和妻的服務機關，也都決定入川，如果我們跟著任何一個機關行動，交通工具是絕不成問題的。然而我以為照當時國軍有退無進的作戰情形看，即令再把印度劃入中國版圖，不出一年，也會弄到退無可退，非跳印度洋不可的；何況只剩西南幾省？共產黨來了別人還可能僥倖不死，像我這種負過一省特務責任的人（在此之前我曾一度充任河南省政府調查統計室主任）則絕無倖免希望，四川完了又怎麼辦？再逃嗎，逃往哪裡？錢在哪裡？因此，我決定不去重慶，再到廣州看看有無去台灣的可能。因為我們既無入境證，也無許多路費，到台灣以後的生活更沒有把握。

回到廣州，得到新任保密局長徐志道先生的協助，解決了入境的問題，我賣掉了手槍和家人的一些金飾，再加上妻在考選部領來的疏散費，一共湊了一千多元港幣，我們一行六人便於七月中旬乘金剛輪到了夢想已久的台灣。

到台不久，唐縱先生奉命組織一個機構——政治行動委員會，我被邀參加了籌備工作，成立後派我擔任了秘書職務。一九五〇年四月唐先生調任中央改造委員會第六組主任，原來的機構，改由蔣經國先生負責，張師先生任他的副手，代他處理日常事務，除特別重要者外，一切均由張先生自行決定；那時的張師先生確是大權在握，儼然第一號的特務頭子了。

我一生做事沒有後台，在任何地方做事，一樣都是恪守崗位負責到底，我以為這樣做是為了盡忠職守，並非某一主官的私人；所以我雖然做事多年，始終沒有一個後台老闆，便是這個緣故。正因為如此，不但沒有一個主官把我引為心腹，甚至還發生許多可怕的誤解（唐乃建先生便是其中之一）。

我和蔣、張二位素不相識，本無所謂恩怨，然而天下之大無奇不有，想不到我居然成為張師先生排斥的對象來。原來張、唐之間並不怎樣融洽，這個機構是唐先生創辦的，所有的人當然也都是他邀來的，交卸之後，除了把他認為滿意的幾位帶往第六組之外，其餘都交給了新任。在「一朝天子一朝臣」的惡劣作風下，我們都成了唐任餘孽，而隨蔣先生來的一批新人便成了天之驕子了。

這個機構有一個附屬單位，便是現在有名的石牌訓練班，副主任是楊蔚先生，在他擔任河南警務處長的時候，我作過他的秘書，彼此相處得很好；他和張師先生從前在重慶同過事，感情不大融洽，這次狹路相逢，張師先生大權在握，正好一顯身手，於是楊先生的副主任在「新官上任」後的第一砲聲中便垮了台。而我因為既是唐任餘孽，再加上他自以為我是楊的私黨——同鄉倒是真的，私黨則是他的瞎猜，因為我有生以來，從沒有作過任何人的私黨，除了糊里糊塗作了蔣家二十多年私黨而不自知之外——我既具備了雙重受人討厭的資格，自然成了張師先生的眼中釘，必以去之而後快了。

據說「特工」人員是終身職，不能中途脫離的，當然這是騙人的鬼話，勝利之後不是有大批的「特工」人員被遣散了嗎？他們認為需要的時候，便說是終身職，一旦不需要了，便會任意把你一腳踢開；然而比起一般機關來，多少還有一點顧忌，不敢無緣無故的解「僱」人，免得影響其他人的拚命情緒。因而張師先生第一步把我由機要的秘書工作，改調一個可有可無的閑散職務——處理小組會議紀錄，又在不久之後，以突擊檢查方式，臨時要我參加會議報告工作概況，有意讓我當場出彩，幸而我對於自己管理的業務，隨時處理從不積壓，又有詳細的統計數字，使他沒法找到藉口，於是我闖過了「排斥」的第一關。

大概由於一時不容易找到炒我鱿魚的藉口吧？張師先生接著又採取了「往外趕」的手法，企圖把我由「核心」趕到「外圍」，再由「外圍」趕出「圈外」，於一九五〇年八月派我帶著原職原薪到石牌訓練班擔任訓導工作，名義是訓導組副組長，而所做的卻是百分之百的組長工作，連一個演戲式的組長虛名也吝而不予，可謂極盡其精神折磨之能事。

當時的石牌訓練班規模還很小——現在已遷往淡水，規模大得多，已成為台灣訓練「特工」人員的大本營了——副主任也由楊蔚先生換了任建鵬先生（前漢口市警察局長，現任國防部情報局副局長）。我對訓導工作最不感興趣，以前被人訓被人導的時候，是在無可奈何心情之下勉強接受的，現在要我把自己最不感興趣的事情，像煞有介事地加諸一群可愛的青年們身上，內心的滋味如何是可想而知的；大概張師先生認為這個工作非我所長，也許會自動「掛冠」求去，同時他還授意任副主任找機會向我「開刀」。好像冥冥之中有神在和他開玩笑似的，我這個「外行」主持的訓導工作，做得並沒有不如人之處——事實上那一期學員訓練最為成功，大都成了優秀幹部——而任副主任也以「他沒有犯錯」一個正大理由，將張師先生交給他的「開刀」任務「原璧歸趙」。於是，我又闖過了「排斥」的第二關。

張師先生雖然對我一再「排斥」，然而我並不怎樣恨他，因為我後來發現他還不是一個放冷箭的小人，他之所以對我打擊，是被「成見」蒙蔽了，把我誤認為唐派、楊派，其實我什麼派系都不是，我只是一人班的孫派罷了；這只顯得他的胸襟狹小和認識不清，遠不像陳建中對我之陰險惡毒，笑裡藏刀，親手殺了人，還故意裝成「貓哭耗子」那種十足偽君子的模樣之可恨、可鄙，所以我原諒他。他在東京主持工作的時候，因為一個職員逃回大陸。被太子先生一怒把他炒了魷魚，回台之後，我每逢舊曆新年依然像平時一樣去拜候他，可憐得很，以前門庭若市的張公館，這時已變成「門可羅雀」了！前後對照，恰成一強烈對比，世人慣於趨炎附勢，特務圈子殆有甚焉。

# 五、由「特五組」到「中六組」

在石牌訓練班幹了一年的訓導工作，我對於那種緊張而枯燥的刻板生活，實在厭惡已極；恰巧副主任也換了王昇先生。他是蔣經國先生的第一名親信人物，要想在「太子系」中討生活，這個機會是不應該隨便放棄的，然而我不屑於那樣做，為了工作興趣，決心離開石牌，雖然王昇先生曾再三挽留我。

那時我在特務機關已幹了十五年了，社會上的一切關係早已完全脫了節，一般人對於我們這一行也都是「另眼看待」，要想中途改行，實在並不容易。與其調到其他情報機關，還不如在原來的機關好，不過先決問題，要看張師先生對我的態度有沒有改變；於是我一反往例地跑了一次「公館」，見了張先生，向他報告了一年來在訓練班的情形和自己的困難，當然也技巧地說明了我的為人以及和唐、楊二位先生的工作關係，更強調了這種關係並無「私」的成分在內。也許這個解釋使他放了心，不久便把我調回政治行動委員會的第五組。

這個第五組是一個新增的單位，主管的業務是對敵「心理作戰」。那裡的人多半是生面孔，尤其是所謂「圈外人」特別多。這是由於組長李白虹先生是那時《新生報》的副社長，根本沒幹過特務工作，所以他邀的人自然也是一樣。同時由於業務需要，必須研究國際間的各種資料，所以需要精通外國語文的專門人才，尤其是英、俄、日三種，這類人才情報機關不多，所以不得不向外面借重；因此，許多從事外交、文化、宣傳的專家們，便被網羅了進來。副組長陳建中先生，是一位由共黨轉變的老「特工」（屬於中統派），那時他是中央改造委員會第一組的專門委員。李、陳兩位都是以客串姿態出現的，對待同事們異常客氣，看起來都有「謙謙君子」之風。

蔣經國先生對心理作戰這項工作，似乎並不十分重視，所以這個新單位，成立不過半年，便告結束。心戰業務併到了另一組，開始時還有三、五個人承辦其事，後來逐漸減少，到了最後只剩我「一木獨支」了。

曇花一現的第五組，雖然自創始到結束，不過僅僅半年的時間，但是卻也做了一件頗不尋常的事，這件事便是爭取韓戰中的中共俘虜工作。原來那時（一九五一年冬天）盟軍在韓國已經俘獲了不少共軍，為了轉變他們的思想，盟軍總部的心理作戰處，向香港、台灣兩地，大批招考華人充當譯員。後來發現香港去的人多靠不住，便完全在台灣招考，並請我國政府負責介紹；因此，這個任務實際上便落在我們的第五組身上。

在那一段時間裡，經過我們介紹過去的譯員，大約有五十人以上，這些人都是經過調查、考核和可靠的保證，再經美方口試而決定的；美方的注意點是英語的流利與否，我們則注意其是否反共愛國，因為那裡決不能讓共方的人員滲透進去，否則後果便不堪設想了。

這是爭取戰俘的「播種」工作，而這些種籽終於在一九五四年開了花並結了震驚世界的輝煌果實。

一九五二年十月中央改造委員會任務結束，中央委員會正式成立，原任第六組主任的唐縱先生，改任第一組主任，而六組主任則由蔣經國先生介派張炎元先生擔任，陳建中先生也於此時做了六組副主任之一（另一副主任為徐晴嵐先生）。

許多人攻擊國民黨只有「人治」沒有「法治」，這話實在有道理，由於下面這件事更可證明：原來蔣經國先生領導的那個機關——政治行動委員會有對敵心戰業務，而唐縱先生所主持的第六組同樣也有心戰業務，但前者掌握了「中美心戰合作」與「爭取戰俘」等重要工作，後者實際上不過只有一項力量微不足道的對大陸廣播而已。自從中六組主任易人之後，在建制上雖然仍是中央黨部所屬單位之一，而實際上已成為蔣經國先生的一個派駐中央黨部的直屬單位之一了（另一個是中二組）。大概他也感到事權分割，不但有點疊床架屋而且影響功效吧？所以馬上便將「心理作戰」和「保密防諜」兩項業務，劃歸中六組執掌，而我也順理成章地隨著業務轉到中六組了。

接辦「心戰」、「保防」後的中六組，人員幾乎增加一倍，聲勢遠非唐任可比。或許有人要問：「那些業務為什麼早不交給中六組呢？難道唐主任是『外行』嗎？」這個想法，完全錯了，唐主任對於情報工作非但不是「外行」，而且他恰是中國情報工作創始人之一，有極豐富的工作經驗，所以如此處理者，其關鍵大概還是為政在「人」吧？

說起蔣、唐之間的微妙關係，確實有點使人莫測高深，大陸時期姑且不談，就拿到台灣以後來說吧，政治行動委員會，本來是經唐縱先生辛苦創辦的，不料在剛剛初具規模，正要有所作為的時候，卻突然奉命交給了蔣經國先生。唐先生走了之後，那個機構便一日千里地擴展起來。改造委員會第六組，又是經他「白手起家」慘澹經營的，而裡面的「匪」情研究工作，在當時也頗負時譽，不料又是突然之間依樣葫蘆了一次。他好像是一位出色的建築工程師，專代別人造房子，造好之後，自己永沒福分享受住的權利似的，因而他的幹部也常常為他叫屈。這其間是他甘心「為他人作嫁衣裳」呢？還是形勢比人強而不得不爾呢？這個謎底，大家始終沒法找到；不過依近些年的情形看，我以為還是前者的成分高，果真如此，我們這位老長官真不愧是「大智若愚」啊。

不論唐先生對我的印象如何，直到今天我還是很感激他，他不但給我以工作機會，使我初到台灣囊空如洗的一家數口免於「在陳」之厄，還對我這個和他並無特殊關係的人加以重用。但不曉得什麼緣故，後來他卻對我起了很大的誤解，認為我在六組的時候，有意和他搗亂，相信這是他以耳代目的結果。

我於一九五三年二月到了中六組，當了一名專門委員，不到半年，又改任秘書。因為兩位副主任先後都出了國（陳往韓國爭取戰俘，徐赴菲律賓巡迴訓練），而張主任一天到晚忙於開會，因之組內的大小事務，幾乎全部由我負責處理，那個半年是我一生中最忙碌的一段時間，也是我精神上最感愉快的一段時間；這情形一直繼續到一九五七年張主任調國防部情報局局長時止。

# 六、貪污案主角——陳建中

陳建中先生是陝西富平人，我和他雖然認識了許多年，但對他的過去歷史還不十分清楚；只曉得他是由共產黨轉變而入「中統局」的。曾在中統局當過處長，又當過西安市黨部主任委員。學歷方面據他自己說是上海某大學畢業，但在和美國人接觸的時候，他的英語程度竟也和我同樣的一竅不通。看他的中文也不過是中學程度而已，因此他的自卑感特別重。他自稱是一個虔誠的基督教徒，而私生活卻是無比的糟（事涉私德不是本書討論範圍從略），對人一團和氣，一貫笑臉迎人，然而那是「笑裡藏刀」，他是一隻不折不扣披著羊皮的狼，恰和狄更斯筆下《大衛考貝菲爾》一書中所刻劃的尤利・希普一模一樣；他曾寫了一紙座右銘壓在玻璃版下，裡面有「謙卑」一條，有人以為「謙而至於卑，未免太過」，他則以為「必須卑方足以顯示其為謙」，此之謂不近人情。蘇子說：「凡事之不近人情者鮮不為大奸慝」，由此，可見陳建中是一位何等人物了。

他的外貌，很像一位謙謙君子，而骨子裡卻是奸詐無比的一頭狡猾的狐狸，例如：張炎元先生調任情報局長的時候，六組主任出缺了，他和徐晴嵐先生都有「扶正」的可能，他曾向我一再表示蔣經國先生要他接長六組，他不願意幹，卻向蔣推薦徐晴嵐先生云云。這話也許有一半是真的，然而他真的不想由副主任升為主任嗎？他肯把這樣一個千載一時的機會（由副而正在當時黨部尚無前例）白白地讓給別人嗎？記得某次中全會要裁併六組的時候，他簡直如喪考妣，拚命活動，他的患得患失比任何人都重，他肯放棄不幹嗎？推薦徐副主任的話也許講了，然而那是一種「以退為進」的策略；因為暗地裡他正在多方活動，同時他明明曉得太子先生對徐的印象不好，根本不會考慮，自己落得大大方方做個順水人情，既博得謙讓薦賢的令名，又使太子先生對自己得一次更佳印象，一舉數得，何樂不為？於是我們的「打虎英雄」便在不知不覺中入其彀中了。

陳建中先生現在已是台灣的所謂「匪」情專家了，每逢有什麼大的集會，總少不了這位專家登台對大陸情形報告一番的，不知內情的人看來，還以為他真是一位專家似的，「拆穿西洋鏡，不值半文錢」，你們知道這位專家是如何「專」起來的嗎？且到後台看看他是怎樣扮演的：

這位專家在得到要他登台上演的消息時，第一步是蒐集有關大陸各種資料，這種資料直接來自大陸者可說是少之又少，百分之九十九都是根據中央的廣播——大陸廣播部有一套美國人幫助建立的收音設備，共方所有廣播都有錄音——和能在香港買到的大陸報紙（這種報紙運到台灣差不多時效已失，只能作為參考資料）以及特約研究（由特約人根據六組指定的題目或範圍，自找材料撰寫，然後論稿計酬，香港便有不少這種特約專家為六組撰稿）。間或有些其他的零星資料，如此而已。

資料有了，第二步是整理初稿，這類工作是由六組第一室負責的，經過逐級核過之後再送給陳主任。

陳建中先生拿到了初稿，有時加以刪改，有時全照原稿分別送給「組外」的專家——如鄭學稼先生等——審核、補充或提出不同的意見，然後再把各方意見綜合整理而成為「未定稿」（由打字機打成的稿件說不定還要再修改三、五次，所以只能稱之為未定稿，打字小姐對於這事最為頭疼），於是這位專家一天到晚，口中念念有詞，有時關起門來，一個人在那裡指手劃腳搖頭擺尾地練習起台上的動作和表情來。等到「排演」熟練了，然後真的登台表演，於是我們的陳主任便如此這般的成了自由中國最具權威的「匪」情專家了。

本來一個人對事認真，以敬事的心情，臨事而懼，也算一種美德，任何人都不應該加以嘲笑的；不同的是我們那位陳專家落力表演的動機，並非為的廣大聽眾，而是專門表演給他的老闆看的，我這樣說一點也沒有冤枉他，不信，這裡還有事實為證：

陳主任經常參加的會議有下列幾種：

（一）中央常務委員會議（列席）
（二）中央工作會議
（三）情報會談
（四）宣傳會談

（五）心戰指導會報

（六）中美心戰各種會談

還有其他大大小小各種會議不下二十多種，但最重要者為老先生（這是台灣對蔣介石先生的流行稱呼）親自主持的「中常會」、情報會談、宣傳會談、和太子先生主持的心戰指導會報；因為這些會的主持人非同小可，握有黜陟賞罰大權，所以每逢遇到開會的前幾天，陳主任便緊張萬狀，一切的工作都暫時擱起，集中人力物力和他自己的全部時間與全副精神，來為這個會議作最充足的準備（就是上面說的那些戲劇化的準備過程），爭取出場時的完美演出，希圖獲得主持人的欣賞與嘉許。

本來「中常會」是中央常務委員會議，陳主任雖也是中央委員但不是常務委員（常務委員不能擔任各單位主官），在「中常會」裡，不過是一名列席的配角而已，工作會議才是他責無旁貸應該落力表演的地方，但因為工作會議的主持人——秘書長——沒有那樣大的權力，他以為不管表演得如何精彩，也不能給他什麼好處，所以不惜「捨己耘人」地把重點放在「中常會」上；而工作會議則多數派副主任代表出席，似乎認為割工作會議這類小「雞」，用不著堂堂大主任那把「牛刀」了。這種情形高高在上的老先生是看不到的，所看到的都是些排練純熟後的表演，於是我們的專家成功了。

讀者們如果要問「專家的成功秘訣是什麼？」我的答案是：「逢迎，逢迎，再逢迎！」

我對於大陸問題毫無研究，但我對於台灣的所謂「匪」情專家如陳建中者之專到如何程度，還是不無懷疑；我發現他的研究態度太不客觀，似乎對於大陸上的任何問題，都是先下一個反面的結論，然後再選擇資料支持他的觀點，所以論來論去總不外：「共匪要員某某人失勢了」，「某人和某人之間裂痕擴大了」，「共匪內部危機重重了」，「某某運動失敗了」，「共匪崩潰之期不遠了」這類千篇一律的反共八股。依他的論斷，中國共產黨很早就該垮台，但直到現在他們仍然屹立無恙，並不因為這些一廂情願的咒文而有什麼損傷。我以為現在是專家們反省的時候了，「知己知彼，百戰百勝」，敵人的弱點固然應該曉得，但他的優點同樣也應該知道，更不能把敵人的優點一筆抹煞而自我陶醉地也說成弱點，因為那樣於敵人毫無損害，吃虧的還是自己。陳建中研究大陸問題，很少提到中共的長處或於中共有利的事情，正因為如此，所以才能使聽的人或看的人皆大歡喜，而像阿Q似的飄飄然了。

有次我把六組一些研究中共問題的小冊子送給NACC（中美心戰合作的美方代表），他們的一位譯員賀叔琥先生（曾任本港英文《虎報》記者）很幽默地告訴我們：「他們認為你們的研究資料很不錯，就是宣傳色彩太濃厚了。」這確是一針見血之言，我很同意他們的看法。

# 七、圈外人的悲哀

陳建中先生居然能繼張炎元先生之後，躍登上中央六組的主任寶座，在中央黨部說來，確是爆了「冷門」，除了「太子派」的小圈子之外，事前誰也不會相信的；因為當時六組副主任之中，就有一位在學識、道德、聲譽和人緣各方而都較他高出若干倍的徐晴嵐先生在。

徐先生是四川萬縣人，莫斯科中山大學畢業，對於共黨理論有深湛研究。他們自一九五〇年三月中央改造委員會成立起，便輔佐唐縱先生充任六組副主任，唐先生調往一組時，他也隨了過去，但當時新任的張主任認為他是一位蘇俄、中共問題專家（這是一位不折不扣的真正專家，絕非陳專家那樣的冒牌傢伙可比），在六組的業務裡，是必不可少的一位人物，因此又把他自一組拖了回來。到了一九五七年元月張主任離開時，他已在六組當了整整七年的副主任了，論學歷、論經歷、論對蘇俄、中共的認識與對共黨理論的研究，論在六組服務時間的長久和對業務的熟悉（陳對六組業務並不熟悉後面會談到），處處都居壓倒優勢，如果和同為副主任的陳專家比較起來，幾乎等於以第一班馬和第五班馬作公開賽一樣，起碼要超過對手三班以上的實力的。所以當時一般人的推測，都一致看好徐晴嵐先生，認為主任一職非他莫屬；想不到競賽的結果，我們這位具有超班實力的良驥，竟會「名落孫山」，而為一般人所瞧不起的劣駟，卻依仗了特殊勢力意外地成了奪標的黑馬。

為什麼徐晴嵐先生具備那樣的優越條件，而仍會這樣慘敗呢？一言以蔽之，曰：「因為他是一位不為太子先生所喜的『圈外人』。」

在中六組主任的選拔賽裡，徐晴嵐先生不幸失敗之後，中央黨部裡有很多人都為他不平，然而那只是藏在心裡或是私下和自己相信的人談論一番而已，不僅中、下級幹部不敢公開批評，連那些高高在上的袞袞諸公——如所謂元勳元老之流，也一樣噤若寒蟬而不敢贊一詞。獨有現已作古的丁文淵先生，大為不平，表示要向當道去信質問，徐先生聽到了，急急寫信給丁先生，要求他千萬不可那樣做，因為那樣不是愛他而是適足以害了他。

陳建中先生升了中六組主任之後，徐晴嵐先生再也沒法像過去七年一樣地在六組繼續服務了，同時我們「專家」對於徐先生留在六組也有如芒刺在背坐臥不安的感覺，認為徐先生在六組總是一支「眼中釘」，時時都是他的精神威脅者；於是在太子先生巧妙的安排下，徐先生被調為設計考核委員會的副主任委員了。直到現在，我還清清楚楚地記得當我們六組同仁排列兩行歡送張、徐兩位先生離去的時候，含在徐先生兩眼裡的熱淚，幾乎奪眶而出，那眼淚也許為了捨不得多年相處的同仁，不一定為了自己的失敗，但其委曲與痛的心情則是顯而易見，大家看了，都非常同情，我的內心也激起一陣戚然之感。這便是「圈外人」的悲哀。

徐先生雖然也是留俄出身，但卻沒有作過特務工作，在大陸時期，做的是「農村合作」

工作，到台之後，幹過一任漁業管理處長。他和張群先生比較接近，是屬於所謂「政學系」的——大概這便是不為太子先生所喜的癥結所在。在和陳建中角逐時，無疑地會請張群先生「推轂」的，然而因為對方的後台太硬了，上了年紀的人，多半是屬於「識時務」的「明哲」之士，對手的旗幟鮮明，哪有看不出之理？於是徐先生光榮地落選了。

徐先生後來出任台灣省石炭調配委員會主任委員，在一九六〇年四月各地舉行縣市長選舉的時候，奉中央之命（因為他還兼任設計考核委員會副主任委員）赴南部督導，不料中途汽車失事，除了他本人身負重傷在醫院住了很久還未復原外，他的夫人更當場身死，真可謂禍不單行！和扶搖直上愈來愈紅的貪污專家陳建中比較起來，不禁使人要興「人間何世」之嘆了！

陳建中在短短的四年之中，由第一組的專門委員跳升第六組副主任，再由副主任而主任，其升遷之快，在黨部裡可以說是史無前例。有人以為這是他在韓國爭取一萬四千多戰俘的功勞換來的，不錯，那個工作是他去主持的，他確也做了若干事，然而他也不過是許多人員中的一分子而已；假使沒有最初李白虹先生主持第五組時期介紹過去的幾十個優秀譯員，和各情報機關駐韓工作人員的共同努力，先把基礎奠定，以及戰俘本身的覺悟，我想陳專家縱有通天本領也無法達成他的任務的。「竊人之財，猶謂之盜，況貪天之功以為己功乎？」此介之推之所以不言祿也，然而這種崇高的儒家精神，我們的專家哪裡會懂得呢？由於一般不知內幕的人，把他看成英雄人物，於是他也飄飄然地真的以英雄自命了。

# 八、大陸廣播部的爭奪戰

以「匪」情研究專家姿態出現於台灣政治圈中的陳建中先生，自擔任李白虹先生的副手時起（現在他已後來居上了）才算開始走進了「太子派」的大門，也許他認為這是他平步青雲的好機會，於是便使出渾身解數，爭取上上下下的好感——當然最重要的還是上層——他那一套功夫至少在我身上是收效了，大概那便是所謂「王莽謙恭下士時」吧？等他升了中六組副主任並經決定把心戰、保防業務劃歸六組之後，他一再勸我應該隨著業務到中央黨部去。那時我對「特工」一行，早已失了興趣（有興趣者僅抗日時期而已），再加上不為蔣、張所喜，認為我是唐派兼楊派，也想換換環境，因此，便隨著心戰業務於一九五三年二月到了中六組。

陳建中為了爭取戰俘的事，在韓國住了半年多，最初來電要我去協助他，因為我剛接秘書不能離開，便由總統府機要室資料組把李健華派了去。自韓國回來之後，接著又和美國人合作籌備建立「自由中國之聲」廣播電台，成立之後，他便當了中國廣播公司大陸廣播部的首任主任。

大陸廣播部是中國廣播公司的一部分，中國廣播公司是一個民營（國民黨營）機構，我們的專家以六組副主任之尊，怎肯降尊紆貴去俯就呢？外界不明真象的人，一定會覺得奇怪，然而不然，專家的眼光，畢竟與眾不同，他曉得這個單位是NACC大力支持的，經費、人員都在六組之上，又是一個最好的自我宣傳場合：「寧為雞口，不為牛後」，所以野心勃勃的專家，不但肯幹，而且還想盡方法非搶到手不可了。

說他是搶，一點也不過分，這事要從十年以前談起：

大概是一九五一年吧，美國派駐日本的「盟軍總部」所屬的心理作戰處處長，應邀來台參觀，那時韓戰已經發生了，他主管的業務是：空投、廣播和在飛機上向共軍進行陣前喊話。當時自由中國所能看到的心戰活動，只有唐縱先生領導的大陸廣播組，裡面只有兩座短波機，力量微不足道，不但無法擔當對大陸廣播任務，即令和以韓國戰場為對象的「聯合國軍之聲」比較起來，也是望塵莫及，在那位美國心戰專家的眼中，這種象徵性的廣播，的確使他覺得有點近於滑稽。同時他也認為和中共作戰，前線的心戰工作固然重要，假如能把心戰工作直接插入敵人的心臟，豈不收效更大？這個工作，在日本執行諸多不便，而在台灣則一切都不成問題。因此便決定協助我國政府在台灣建立一座五百多基羅瓦特的強力中波無線電台，全部器材設備和技術人員都由他們供給，希望能藉這座電台，達成「聯合國軍之聲」和「美國之音」都無法達成的任務。

建台工作最初是由中國廣播公司出面和美國人共同籌備的，後來因為「中六組」是中美心戰合作的中國代表，所以有關該台的重大問題，都在中美心戰會報中提出討論，形成「中六組」和「中廣」共同處理的局面。在接近完成階段時，兩者之中必須有一方退出，而讓另一方單獨出面和美方合作處理，於是二者之間便產生了一幕短兵相接的爭奪戰。

新建的電台是以洛陽為中心的定向廣播，它的威力是指向華中、華北、西北這一廣大地區（華南、西南則由美國之音擔任，東北由聯合國軍之聲擔任），它的任務和原來的大陸廣播組並無不同，只是力量加強，範圍擴大而已。所以很自然的經大家決定以大陸廣播組為基礎，加以擴大，定名為：「大陸廣播部」，與節目、工程二部並列為中國廣播公司三單位之一，經費則由「中廣」、「中六組」和 NACC 共同負責。

這樣看來，大陸廣播部之隸屬問題，似乎是確定屬於「中廣」了，然而中六組方面則認為：對大陸廣播工作是它的心戰業務之一，而且已經執行多年了，人力財力都耗去不少，在最後籌備階段，陳專家幾乎是全力以赴，眼看著如此完美的設備和雄厚的人力物力，一定會有一個非常輝煌的遠景；於是我們的專家見獵心喜了，藉著上述理由，認為大陸廣播部成立之後，應該仍歸中六組指揮。因為對大陸廣播，是對敵心戰工作，辦理的人，必須對大陸情況有充分了解，才能對症下藥，與「中廣」節目部對台灣廣播的宣傳性截然不同。中廣的董事長張道藩先生和總經理曾虛白先生的看法則不如此。於是便舉行了一次協商會議，由美方、中六組、中廣三方面主要人員共同研討。

大家在「中廣」會議室討論了半天，還是不得要領，而美方的態度非常簡單，他們認為不管屬於哪個單位，都無所謂，但主持人選必須盡快解決，以便早日開播。六組方面便趁勢提出以素有「匪」情研究專家之譽的陳副主任兼大陸廣播部的第一任主任，美方人員由於和中六組合作已久，且雙方相處甚好，首表贊同，「中廣」方面的張、曾兩位，見到專家竟肯降尊紆貴俯就這個主任，知道是志在必得，自然也不好意思如何反對。會後便由六組向中央提案通過，命令中廣執行，於是我們的專家便興高采烈地走馬上任了。

從此以後，陳建中先生一心一意以全副精力從事大陸廣播部的兼職工作，對於六組副主任的本職業務，反而認為無關重要，常常三、五日不來一次。

大陸廣播部的確替陳建中先生做了許多表面工作（假如說是什麼專家的話，那應該是逢迎專家，粉飾門面專家而絕不是所謂「匪」情專家）也幫他出過許多風頭，譬如：每逢海外有什麼重要團體或重要人物回國了，必定要拉到該部參觀一次，中六組的心戰資料展覽，也必定要在那裡舉行為他助威；那裡完整的錄音設備，可以把中共所有重要廣播，完全自動錄了下來，也成了許多人先睹為快的索閱對象，於是這位專家在各方矚目之下躊躇滿志了。

大陸廣播部成立不久，中國廣播公司便宣告改組，董事長由張道藩先生改為梁寒操先生，總經理一職則由太子先生的媼友魏景蒙先生代替了曾虛白先生。至於改組的原因是否和大陸廣播部的問題有關，則非我所知了。

改組後的中廣總經理和大陸廣播部主任，都是出自太子門下，在理，應該是水乳交融和諧無間才對；然而不然，新總經理到任不久，使為權利問題和大陸廣播部起了爭執，大概是

「強中更有強中手」吧？魏總經理對於陳主任這位英雄人物似乎並不如何瞧得起（魏也在南韓參加過爭取戰俘工作，並認為陳的「英雄」事蹟不過爾爾），所以一點也不讓步；當時陳只派了六組的專門委員兼大陸廣播部顧問的吳利君代表出席，想不到這位老兄見魏一硬，連忙解釋這是陳主任的意思，與他無干。等到魏再質問陳的時候，把陳弄得非常尷尬，只好矢口否認，結果不了了之。而陳則於一怒之下取銷了吳專門委員的大陸廣播部顧問兼職。

# 九、美麗的釣餌

一九五六年秋季，中六組主任張炎元先生和新聞局副局長朱新民先生同赴西德出席一個俄國反共團體在波恩舉行的年會，組裡的事情，交由副主任徐晴嵐先生代理。中秋節下午我在家休息，忽然接到電話說是陳副主任病了。我馬上跑去看他，他太太說：「心臟不舒服，昨天已經在松山療養院檢查過了，醫生勸他住院療養，因為那裡費用太貴，家裡也沒有錢，所以……」我馬上要組裡管錢的同事，先拿兩千台幣，把他送往松山。

「專家」這場病，相當嚴重，他害的是心臟血栓，在醫院躺了個把月，每次我去看他，他都以花錢太多，將來無法善後為慮；我安慰他「自己的身體要緊，至於錢可以先向公家借用。」他又認為：張先生不在家，無人作主，自己也不好意思。我為了使他安心靜養，便請張太太代表張先生到醫院看他，並且特別告訴他，一切費用先由組裡墊付，等張先生回來再想辦法。這樣一來，他才算放了心。

當張主任在西德開過會，順便轉道美國觀光的時候，國防部情報局局長毛人鳳先生在台北病逝。情報局是太子先生領導下範圍最大的一個特務機關，局長出缺了，當然非慎重選擇不可，假使他的「贛南派」親信，能夠擔當這個職務，我想，他絕對不會讓這一池「肥水流在外人田」的，遺憾的是：情報局是經戴雨農先生一手創辦的「軍統局」改組而成，一切制度規章，都有他的另一套，一旦派一個毫不相干的人去作他們的首領，結果如何，誰也不難想像得出；我們的太子先生自然沒有這樣笨，最好的人選，當然以太子先生信得過的「軍統」老幹部為最理想，於是張炎元先生便在這樣的情形下填補了國防部情報局長的缺。

陳建中先生以大病初癒之身，賴太子先生的大力支持，擊敗了佔盡優越條件的徐晴嵐先生，登上了中六組主任的寶座之後，有兩個問題橫亘在他的腦海裡：第一個問題是他雖然擔任了四年的副主任，但除了一九五三年上半年外，其餘的時間，不是在韓國，便是在大陸廣播部，在六組的時間，可說是少得不成話。因此，對於組內的業務除了心戰部分外都非常生疏。不但對徐副主任擔任的「政戰」和「匪」情研究兩項業務不甚了解，即連他自己擔任的「社會調查」和保防業務也弄不清楚。因為在過去三年多時間裡，他只把自己的私章交給我，凡屬他的業務，完全由我決定，表示對我百分之百信任。在那一段時間裡，我們的感情，特別融洽，無論公私方面我都替他出了不少「牛力」。第二個問題——也是他最感興趣的一個問題，是外匯的處理。他認為這兩個問題只有我最清楚，因為我擔任的是綜合業務，各室的公事，都先送給我看，而且百分之八十以上在我這裡就決定了，經費收支則是秘書室的本身業務，所以他認為只要拉住我，一切問題都可迎刃而解。

一天下午，陳建中先生告訴我：「我已經和蔣先生談過了，準備要你負更大一點的責任。」當時他的主任一職，正在醞釀之中，而且趨勢也漸漸明朗，我當然明白他所指的是保我作副主任。我便向他表示：「我對於自己的現狀很滿足，因為我們自廣州來台的時候，曾作過最壞的打算，準備以勞力謀生的，如果有更好的機會讓我試試，當然求之不得，況且三組、五組和婦女工作委員會的副主任，都是秘書升的，前例很多，我們現在又同時出了兩個缺，似乎應該更容易些。」

後來他又兩次向我表示：假如他的主任決定了，他的原來職務——中六組副主任和大陸廣播部主任——便都交給我，他並一再強調：「你不要瞧不起大陸廣播部啊，那裡的職員差不多有一百人，每月經費二十多萬，比六組還要好。」我始終表示廣播工作非我所長，不甚適宜。

當他的六組主任一職，正式發表之後，接著便是副主任問題，雖然只有兩個缺，但他卻同時保了三個人：一個是太子先生交下來的《新生報》副社長李白虹先生，一個是中六組第一室總幹事李慎之先生，而我則是「敬陪末座」。

在此案未揭曉之前，我便曉得情形不對，因為：第一、黨部副主任以上人選，須經總裁決定，在決定前一定召見面談一次，而我始終沒有接到召見通知。第二、太子先生對於中六組和中二組，控制最嚴，秘書、總幹事的調動，他也一定要親談一次——以前我調秘書的時候，便經過這個手續——何況現在是副主任？更非牢牢把握不可。然而這次沒有太子先生約談的消息，再加上我是最後一名，我意味著自己是受人愚弄了。

不久，副主任案揭曉了，但只發表李白虹先生一個，其餘兩位沒有下文。由此更足證明，這是一個圈套，否則，根本未看到貨色好壞，如何曉得夠不夠標準？

我受了這次愚弄，當然心裡很不高興，但還諒解他那不得已的苦衷，因為我認為最初他自動提出保我的時候，似乎沒有欺騙的成分在內，大概後來當他正式向太子先生提出的時候，張師先生加給我那一頂唐派兼楊派的帽子，又在太子先生的腦裡浮現了出來，因此便被否決了。

「專家」一向是專看太子先生的眼色行事的，老闆表示了異議，他哪裡還敢再提？但我和李慎之總幹事都是他自動承諾的，馬上出爾反爾，不僅面子上說不過去，還怕引起我們的反感，「專家」的功名來路不正，不是堂堂正正的「科甲出身」，而是純靠人事關係的倖進，學識不足以壓眾，聲望不足以服人，生怕寶座還未坐穩，便又出了亂子，在無可奈何的情況下，才使出來這樣「一賓兩陪」的巧計，把我們當作傻子一樣的耍了一下。

我認為陳建中先生這樣做，是其行可惡，其情可憫，所以並不如何恨他，使我們感情破裂的主要關鍵，還是為了姚秉凡的案子。

# 十、壞蛋姚秉凡

姚秉凡是中六組第四室的一名幹事，湖南人，有點小聰明但品行惡劣無比。最初在第二室的時候，不聽總幹事指揮，幾乎和總幹事打架，和同事們常常吵嘴，弄得大家都不知和他談話，隨便積壓公事，而對於有利可圖的事情，則爭先恐後地搶著做。後來總幹事換了郭哲，在拍《社會調查示範》電影的時候，硬把吳若的編劇費扣用了五百元。接著又和郭哲鬧翻，幾乎打了起來。張主任看了太不成話，除了把他記過之外，又調他離開第二室；但問題來了，各室總幹事對於這位以調皮搗蛋，招搖撞騙名著一時的姚幹事（他對外常以總幹事自稱），大多不敢領教拒絕接受。最後第四室總幹事黃紹祖為了人手不敷，饑不擇食，自告奮勇願意收容，於是姚秉凡自那時起便調在四室服務了。但他誤以為是我偏袒郭哲對他打擊，所以從此恨透了我。

大概是「新毛坑也有三日香」的作用吧？姚秉凡鑒於自己這樣的不受人歡迎，曉得處境不妙，暫時不敢胡作亂為，所以在最初幾個月，相當賣力，大家認為姚秉凡真的是浪子回頭了，黃總幹事更是得意非凡，認為自己畢竟馴服了一匹劣馬。

辦理有關人員出入境證的申請領發是第四室業務之一，原來承辦的人嫌麻煩不願繼續辦了，黃總幹事便將這項業務改派姚秉凡接辦，當我看到他們這個決定的時候，心裡非常不以為然，我以為像他那樣品格的人，辦理出入境的事，很難不出毛病。然而他們已經這樣決定了，姚秉凡對我又有誤會，所以不願意再多事，就讓他擔任了下來。

最初一段時間，姚秉凡還能循規蹈矩地辦理，沒有什麼毛病，日子一久，便又故態復萌了。申請出入境的人，大多數是香港的影劇界，自己的工作人員反而少之又少；於是姚秉凡活躍起來了，不時見他同香港電影界的駐台代表，出入於高等茶廳、餐室之中（普通公教人員，很少光顧那些地方），身上也由一套多年不換的「單吊西」變成了筆挺的新款洋服。最不像話的是為第三室一個外勤工作人員辦理出入境，一下竟辦了一個月，而替香港某公司外景隊辦理時，他竟作了空前未有的努力，把保安司令部聯審處已經下了班的職員，又從交通車上拉回辦公室，替他在辦公時間之外填發該外景隊的入境證。當然，誰也無法證明他受了什麼賄賂，然而為什麼替自己人辦的時候是那樣的蝸行牛步，而替外景隊辦的時候竟是那樣的興致勃勃快似噴射機呢？兩相比照，便不難了解其中的奧妙了。過了不久，專門委員曾雄在外邊聽到關於姚秉凡的閒話，報告了張主任，張主任便決定把該項業務由四室移歸秘書室辦理。如此一來，不啻斷了姚秉凡的財路，他認為這個決定是我的主意，從此更把我恨入骨髓。

一九五六年沈常福馬戲團到台灣獻演，中六組因為是負責接頭的關係，所以上演時也派了姚秉凡為代表，會同各機關代表，共同處理該團上演有關問題。那一段時間他差不多每天都到那裡去。有一天僑防會報（這是以保安司令部為主由情報治安機關共同組成的一個臨時組織。專門負責回國僑團的調查工作，表面上以接待小組的姿態出現，實際上則為祕密監視）給我們一份通報，裡面有一項大意是中六組的代表姚秉凡每天在接待組大吃大喝玩女人，行為不檢云云。這件公文分到四室以後，過了幾天才拿上來，總幹事黃紹祖的意見是：據姚談事實並非如此，已經面予糾正，擬請免究。徐副主任則認為此事有關六組聲譽，況且這份公文是油印的，有關機關都有一份，是真是假，都應該有個交代，加簽主張「徹查」，張主任同意了徐副主任的意見，交下徹查，但發回四室之後，便被壓了起來。接著國家安全局又正式來一公函，內容和僑防會報的通報差不多，請我們注意。第四室既然不願再查，我為了執行主官的命令和維護本組的聲譽便在其他室裡先後派了兩位同志負責密查。

兩位同志都查過了，證明僑防會報和國家安全局所得的報告全是真的，於是便把調查結果送呈張主任核閱；當時張主任已經決定調長情報局了，他深知道姚秉凡是個搗蛋鬼，不願臨走的時候再和「小人」結怨，因而來一個拖延手法批了「再詳查」三個字，我也曉得他的心理，而且縱使再查也不過如此，所以也就把這件案子暫時擱置起來。

不到一個禮拜，陳建中先生升了中六組主任，那時中央已經決定把六組的「社會調查」工作，移歸五組接辦，他要我把全組的人員通盤檢查一次，設法把一些能力薄弱的人，移到五組去。當時我向他建議：姚秉凡品行不端，常常鬧事，最近馬戲團的案子又鬧得滿城風雨，這個人留在六組有損無益，不如趁此機會把他送給五組，況且最初他本來是在社會調查部門工作，如此處理，一點也不著痕跡。他對於姚秉凡也有相當認識，所以認為我的辦法很好，但當半月之後，我們將社會調查業務（人員經費包括在內）移交五組時，他又改變了主意，原來在這一段時間裡，姚秉凡生怕把他送給五組，所以先發制人，請中央黨部副秘書長鄧傳楷先生給陳主任寫了一封信，大意是說姚某在中央黨部服務很久，人也很能幹，請陳設法把他提升。陳主任是一位最講求人事關係的人——這是他的做官秘訣——凡是遇到考慮人事問題的時候，總先研究那個人的背景，才能倒無所謂，因為姚秉凡請出了鄧副秘書長出面為他講話，這時主任寶座尚未坐穩的陳建中先生，對於副秘書長的面子，焉有不買賬之理？當時他對我說：「你看，鄧副秘書長有信要我把他提升，現在怎好再把他送給五組呢？」於是，姚秉凡留在六組的目的達到了。

姚秉凡既然繼續留在六組，那麼，他的案子便非有一個結束不可（如姚到五組，他的案子便可以一併移過去由五組處理），有一天我把張主任看過的姚案原卷，不加意見送給陳主任，請他先行考慮如何處理，不料，他竟不看內容，拿起筆來很客氣地批了「請秉凡兄一閱」六個字，當面交給黃總幹事。姚秉凡有過原卷之後，越發恨透了我，而對陳主任則感激涕零；當第二天開擴大組務會議的時候，就此案起來發言，大意說如果不是主任賢明，一定被人誣陷，非寃沉海底不可。最後竟指名向我挑戰，指摘我對某件公事處理不當，事實上是他根本沒有看惟我所批的原意，於是我又解釋給他聽，他只有承認自己有錯了。

下班後，陳主任要我坐他的車一同回家，當時，我實在忍無可忍了，在車上對他說：「陳先生！今天姚秉凡向我挑戰，你親眼看到了吧？這都是你鼓勵的結果，你那樣客氣地讓他看全卷，等於告訴他，你對這些報告不相信，也等於說：『這都是前任搞的與我無干。』你在情報機關許多年，幾時看到過把控案全卷交給被告『一閱』過？況且那裡而還有兩個調查報告，都是同事的筆跡，你豈不是有意在同事之間製造磨擦？你為了鄧先生的面子決定把他留下，我並不反對，我把卷拿給你也只是請你了解一下，慢慢考慮如何處理，如果認為那兩個調查報告不可靠，儘可派人再查，或者提出要點讓姚秉凡答辯，為什麼自己不看而直接交給他？為什麼為了討好姚秉凡這種敗類竟不惜把我們出賣？難道在你的眼中，我的價值還不如姚秉凡？」

我說話的時候，聲色俱厲，一點也不客氣。大概因為當著司機的面大大地損傷了他的主任尊嚴了吧？只滿面通紅地囁嚅著說：「我為什麼討好姚秉凡？」自那時起，我們之間開始有了無可彌補的裂痕。

# 十一、姚案的餘波

中央黨部本年新規定：每個工作人員一年之中有兩個星期的休假，我的休假時間，早經決定自四月一日開始。本來新副主任李白虹先生剛剛到差，一切都不接頭，我以為於公於私都應該幫幫他的忙，所以早有把假期延後的打算；不過經姚案這樣的攪，決心如期休假，自四月一日起停止上班。

我在家裡細細一想，發覺陳主任近來對我的態度，有了顯著的改變，而且這改變在姚秉凡攻擊我之前就開始了。原來自從他保我作副主任而遭太子先生否決之後，才曉得我雖是出自「太子派」的門，卻不是「太子派」的人，相反的，恰是太子先生所不大歡喜的人。我們相處五、六年，感情最好，所有六組和大陸廣播部的人，都一致認為我們的關係最密切，現在他好不容易才爬上主任的寶座，對太子先生看得比自己的老子更重要萬倍，他也深懂得「曾子養曾皙」般的善體親心的「養志」之道，絕對不願做出半點使太子先生不愉快的事來，於是在「太子之所好好之，太子之所惡惡之」的逢迎原則下，一定要設法和我疏遠，免得引起太子先生不快而因小失大。

另有一樁使我覺得無足輕重的是：當他問起我外匯如何處理的時候，我也同他一樣的茫然不知（因為我在那裡只管業務不問經費，另有專門管理經費的人），最初他對我依賴最重的便是外匯問題，現在見我也是一無所知，失望之餘，自然出生「早晚市價不同」之感了。

我的作風是敢作敢為勇於負責，只論是非不管情面的，所以在六組五、六年，因為在處理問題時，有時彼此會有不同的看法，我每逢遇到某件事情處理不當的時候，便常常提出我的意見，哪怕把某一位總幹事得罪了也在所不計；因此，過去幾年中，像這類為工作發生爭執的「小怨」也結了不少。陳主任五年之間，賴有「貴人」扶持，由專門委員而副主任，而主任，以噴射的速度飛升，面對著比自己資格還老的一班部下，有一種強烈的自卑感，橫亙在他的心中，最初幾天，尤其使他忸怩不安；他認為自己出身不正，基礎不穩，生怕同仁不服而生出反對的風波來，為了討好大家，所以竭力設法爭取所有人員的好感——對我冷落也是討好某些人手段之一——討好姚秉凡一幕便是在這種情形之下演出的。

由於上述三種原因，使我在他的眼裡，由倚若左右手而變為視同贅瘤，再加上車中的一幕，更使他對我增加一種既厭且恨的成分，這便是他對我改變態度的由來。

同時我又發覺我們兩人無論任何方面都是極端相反的兩個類型：性情方面，我是豪爽誠實表裡如一的陽剛型，他是陰險狡猾玩弄權術的陰柔型；處理業務方面，我是只論是非主持公道，他是專計利害不講是非；處理人事問題，我主張打破情面，而他則專講情面；做事態度，我重實際，他重外表；而他的逢迎拍馬，以欺騙手段達到他沽名釣譽的目的之惡劣作風，尤其使我深惡痛絕。我發覺我們雖然相處幾年，然而那段時間他根本不常來，只不過像六組的一個客人而已，所以無從認識他的真面目；他之所以對我特別表示好感，也只是利用我替他辦事，替他出「牛力」以及被他巧妙地利用著來達到他的某種企圖而已。像這樣的偽君子怎能和他共事？古人說：「禮貌衰，則去之」，他對我早已超過「無禮」的程度了，豈但是「衰」？想來想去覺得自己實在不應該再在六組繼續下去，於是便給他寫了一封信，大意是說：我在六組擔任了四、五年秘書，雖然沒有什麼了不起的成績，但經我負責處理的無數案件中，僥倖還不曾出過什麼毛病；然而這個工作太繁重了，我希望能擔任輕鬆一些的工作，各種職務之中以專門委員最為合適；不過六組的專門委員都是配屬各室歸總幹事支配工作的，以指導各室業務多年的秘書，再到各室接受總幹事指揮，在情面上說，雙方都會覺得不便的；所以六組沒有適合我的職務，最好的辦法請他和二組主任鄭介民先生商量一下，和他們的某一專門委員對調服務；二組的業務無論哪一種，在我都不算生疏，自信我能應付得了的。

信送去之後，不僅毫無反應，連平日常來的電話居然也沒有一個。假期滿了，我只好回去上班，下班後我到陳主任家裡問他看到我的信沒有？他說看到了，反問我「為什麼要到二組去？」他對我這個請求非常不滿，好像使他的面子很難堪似的。我又把我的理由向他申述一遍。最後他說：「這事不要再提了……」這時恰有人來，我們的談話就到此結束。

我曉得那時他的心理非常矛盾，因為他上台前承許我的諾言，一點也沒有兌現，大陸廣播部的事情也絕口不談了——事實上他要我去我也不會接受——然而他對我總是感到內疚，而內疚有時也會變為憎恨，好像一個人借了朋友的錢久久不還，由抱歉、內疚、避不見面再轉而憎恨一樣，陳的對我正是如此。本來他大可乘此機會順著我的要求將我調到二組去的，然而也就是那種內疚情緒支配著他，生怕大家罵他「過橋抽板」，剛上了台就把自己以前最為信賴的人排擠出去，為了人言可畏，因而使這位慣於以假仁假義欺世盜名的專家沒有勇氣那樣做。

姚秉凡的案子，我本來不願過問的，一個做主官的人甘願犧牲本機關的聲譽而向他的上級送人情，我們做幕僚的自然無權干預，但姚秉凡已經在公開場合差不多等於直接誣賴我陷害他了，這無異是對我的人格挑戰，如果不求個水落石出，好像是自己做賊心虛不敢追究似的。為了明辨是非，為了使這個壞蛋無所遁形，為了洗刷這個壞蛋加給我的惡意誹謗，我都非追根究底不可。於是便向陳主任建議：「姚秉凡案子，半年還未結束，我們如果不答覆安全局和保安司令部這些單位，不但等於默認了姚的所作所為都是事實，而且更給他們以黨部包庇壞人的惡劣印象。況且姚曾公開誣我對他陷害，為了了解真象，我主張把本案連同全卷簽請秘書長核辦，如果真是我有意誣陷一位同志，秘書長自能看出，可以再派秘書處的人去複查，誰是誰非一定會有一個公平合理的處置。」

他見我的理由光明正大無法駁倒，遂以開玩笑的口吻說：「姚秉凡這種人誰還不曉得他的底細？也值得和他一般見識？我看算啦，不必再談啦。」

此後，我又和他提了幾次，但都被他以「王顧左右而言他」的手法擋了開去。越是這樣，越使我對他的「只看人事關係，不論是非」的惡劣作風感到厭惡，於是根據所有資料以秘書室的立場（人事處理為秘書室主管業務之一）把姚案的前後經過，作了一個簽呈，送請主任和秘書長核閱。在所擬處分一項空著不填，另以浮簽把中央黨部人事法規所規定的：告誡、警告、記過、免職四項處分列上，請他擇一填入。

在這種情況之下，陳主任曉得我非弄個水落石出不肯罷手，雖然滿肚皮不高興，但也找不出駁回的理由，於是在四種處分之中選了最輕的一種，把「告誡」二字填入了空白，簽了名送給張秘書長。

過了幾天原案送回來了，張秘書長在原簽之後批了四個大字：「應予記過」！這樣一來，姚秉凡再也無話可說了，但對陳主任的曲予優容仍是感激得五體投地，認為兩次記過都是因為我和他作對的關係。至於鄧副秘書長更不會怪他，於是，我們的專家又成功了。

姚案處理之後，按正當的程序說，應該把黨部辦理情形答覆國家安全局和保安司令部的，因此，秘書室又循正常手續辦稿作覆，陳主任把稿判行之後又和我說：「算了罷！不必再答覆了，免得刺激姚秉凡和黃紹祖。」我總想不出這樣辦怎會算是刺激他們？只不過和他的「討好」作風不相符合而已。我之所以堅持姚案必須澈底根究的動機，無非是洗刷他對我的誣衊，現在既已真相大白，當然不再堅持，結果又把那兩件覆函自收發那裡追了回來，所以直到現在國家安全局和保安司令部仍不曉得中央黨部對姚秉凡已經予以記過處分這件事。

從這樁案子裡，使我深深感到國民黨內部腐敗確已到了無可救藥的地步，像姚秉凡這種敗類，早都應該淘汰，然而中央黨部的職位是有名的「鐵飯碗」，只要進去了無異保了險一樣，一個人無論怎樣拆爛污，誰也不敢把他怎樣，記過已經算是了不起的處分了。記得張主任時期，曾把一個同志免了職，當時黨部的人員一齊為之譁然，認為這是破壞了中央黨部的多年傳統，有的人更慫恿著那位同志和張主任鬧。試想一池死水永遠沒有「對流」和「新陳代謝」的機會，哪有不發腐、發臭、滋生蚊蚋的道理？讓這樣一堆人主持國家大事，不失敗才怪呢？

# 十二、接連八次的逐客令

陳主任在就職的那天，曾經提出一個「實行新作風」的漂亮口號，這個口號的內容是：「經費公開，人事公開」。經費一項留待後面再談，現在先說人事部分：

陳主任處理人事問題的作風確是「新」的，然而他的這種「新」距離我們想像的那種「新」，何止十萬八千里？他為了鞏固他的寶座，首先設法佈置爪牙，雖然黨部的編制有定額不能隨便增加，但我們的專家神通廣大，加上人人都知道他是太子先生的「新寵」，哪個敢不買帳？於是自第一組把他的同鄉高維翰借來（仍在一組支薪）代替我的職務，自大陸廣播部借來馬和作他的交際秘書，他的舊部李某作六組的收發，又自國家安全局借來李健華主持「匪」情研究工作，使它和第一室的業務成為對峙局面。他顯然是以曾去過南韓參加爭取戰俘工作的（如馬和、李健華），他的同鄉（如郭哲、高維翰、焦保權），親信（如李某、朱漱泉）這一班死黨，作為他的心腹、爪牙，分別佈置在六組和大陸廣播部作為他的耳目，更用少數敗類監視異己的行動，為他作「特務中的特務工作」——朱漱泉便是負責監視我的爪牙之一。

陳主任本來是個共產黨徒，大概由於中毒太深之故，雖然轉入國民黨多年，但他的「製造矛盾」、「發動鬥爭」的老毛病，始終盤踞在他的腦海深處而牢不可拔。第一室總幹事李慎之，湖南人，日本士官畢業，後來脫離軍隊從事研究工作，抗戰時期便經常研究中共問題，改造委員會成立，擔任六組總幹事主持「匪」情研究工作，那些成套的「認識敵人」叢書便是他主持的工作成果。那時陳主任只不過是第一組的一個專門委員而已，遠不如他所負責任之重。所以陳主任上台之後，認為這人是自己精神上的威脅（事實上李決不會對他有所不利的，其奈專家做賊心虛何），必須使出特別手段來使他就範。於是第一步許諾保他作副主任，這一手果然靈驗，在那段時間裡，李竟被他耍得服服貼貼，較之張主任時期特別賣力；等到發覺被人捉弄之後，也只有啞子吃黃連——有苦說不出。而陳則認為自己的寶座已穩如泰山，不再有所顧忌，因而對第一室改用了一種「雙線領導」的手法，把該室的編審丁楚源提升為專門委員（丁之升為專門委員本屬應該，但陳對這種例行公事，卻認為是他對丁的莫大施予，把組織的職位當了他的收買資本），事事直接找他商量，根本不理李總幹事；如此一來，使丁自以為自己是主任的親信而趾高氣揚，視總幹事如無物，製造李、丁之間的摩擦，使李總幹事自顧不暇，不得不向他俯首貼耳，否則只有掛冠求去。我的事情發生後，他又想像趕我一樣的把李總幹事也趕到香港來，一來因為李不肯接受，二來因為黃紹祖警告他：「是不是要李變成孫某第二？」於是陳才恍然大悟打消了這個念頭。

陳主任人事佈置完成之後，漸漸地向我進攻了；首先剝奪我應有的權利，本來我是負責綜核文稿的，每件公文，自收到發非經我看過不可，忽然許多公事不再經過我的手了，商談重要問題的時候也常常不讓我參加（張任時期除了經費我是無事不參加的，有時單獨交給我再由我分配各室），而最卑鄙無恥的是派走狗朱漱泉專門偷聽我的談話向他報告。

不久，進一步的攻勢果然來了，一天他向我強調香港工作的重要，認為那裡情形太不理想，非澈底整頓不可，希望我能負起這個責任來。當時我不加考慮便以下面的三個理由拒絕了他：

第一：我不是廣東人，和那裡的社會人士毫無關係，無法使工作開展。

第二：我不懂廣東話和英語，又沒有正當職業掩護，立足都成問題，遑論工作。

第三：我對於交際應酬方面非常不濟，理論爭辯尤非所長，這些都是搞「聯戰」工作的起碼條件，在這方面我既不如黃總幹事，也不如現任負責人，明知不如人何必去獻醜？

他見我如此表示，便沒有再談下去。

不久，派駐香港各單位的組織形態改變了，原來中央鑒於各機關派駐香港的工作單位，互不相屬各自為政，常常發生爭攻諉過或互相摩擦的弊端，於是決定在中央黨部成立了一個「海外工作統一指導委員會」把各單位完全統一起來；這裡面包括了中央的二、三、六組和代表各情報機關的國家安全局，下設「港澳特派員辦公處」派駐香港。其下又設秘書處及一、二、三、四處，六組原駐香港的單位，改組為辦公處的第三處，負責資料蒐集，心理作戰，政治作戰（即聯合戰線）和文化宣傳諸種業務。如此一來，中六組的駐港組織已由獨立單位降為幕僚單位，每月經費也較張任時期減了四千多，根據香港負責人最近的檢討報告，每月可用於工作的錢不足港幣五百元，試想以區區五百元之數，擔負起如此重大的四種業務，寧非天大笑話？這也是我拒絕考慮的原因之一，不過因為怕觸到他的心病未便明言而已。

大概是他認為只有這個陷阱才能把我制伏吧？隔了兩天又和我談起，希望我能到香港來，我仍以同樣理由再度回絕了他。

他對於我之去港似乎早已作了肯定的安排，因為那時他又開始向一組借調他的同鄉高維翰了——同時也已經把我的秘書職位承許了他，如果我不離開，他的計劃便無法實現；於是又派黃紹祖和賈成基兩人先後勸我。賈成基並且說：「陳公（賈慣於這樣稱呼他）曾向我表示說：『老弟啊！我們本來是一無所有，在台上不會永遠不下來的，如果到下台時仍是一無所有，我們的一生便算完了，所以一定要找一個適當的人到香港作經濟活動。』陳公現在要你去香港，也許是要你替他作經濟活動。」我大笑著說：「我一生最不會打算盤，找我承擔這個任務，等於問道於盲。」黃紹祖君則非常滑頭，他曉得我不會接受，只在陳的面前隨便向我問了兩句，我表示不考慮，他便算交了差。

這時已是一九五七年七月中旬了，港澳特派員辦公處也開始成立了，陳因為早有計劃，所以對於第三處處長的人選延不發表，只派原在香港負責的李夷然君暫時代理。大概是他急於要拔去我這顆眼中釘吧？在賈、黃和他本人先後七次向我徵詢意見都被我拒絕之後，他又請新任副主任李白虹先生向我作第八次的催逼。

當李副主任向我徵詢意見時，我又將我的理由對他申述一遍，他聽了之後，很同意我的觀點，認為的確不甚適宜，並且幽默地說：「也許主任看老兄這些年太辛苦了，想替你換一個好一點的職務，這個職務既然不理想，不妨再等等看，說不定將來會有更好的機會的。」

我很感激李副主任這一段話，因為他肯為我設想，也還有點人情味，何物陳建中，為什麼一定非把我趕走不可？俗語說：「一次兩次不可再三」，現在他竟再四……再八了，這等於下了八次「逐客令」；當我要求調二組的時候，為什麼還假惺惺地不肯放我走？現在又偏偏逼迫我到我所不肯去的地方去？是可忍孰不可忍？對付這種「勝利沖昏頭腦」的傢伙，最好的辦法就是兜頭潑他一盆冷水，讓他清醒過來。

# 十三、予打擊者以打擊

李白虹先生懵懵懂懂地被陳建中利用傳達第八次的逐客令，是在星期六的下午（似乎是七月二十一日），次日是星期天，我待在家裡思前想後，差不多考慮了一日兩晚，覺得對這種陰險成性的偽君子，實在沒有繼續採取紳士態度的必要，好像對付一隻勢利的狗，當牠向你狺狺狂吠時，無法跟牠說理一樣，最有效的辦法是拿起棍來給牠一頓迎頭痛擊，牠自然會夾起尾巴逃之夭夭的。

因此，我決定「予打擊者以打擊」！

星期一上午將要下班時，我告訴坐在對面的賈成基（他也是陳的心腹，是自安全局借調來的，因為陳上台後沒有實踐保他作總幹事的諾言，所以每天在第三室大發牢騷，陳為恐怕鬧出笑話，特地要他搬到我的對面，表面上是要我約束他，暗地裡也是叫他監視我）請他一同上街吃中飯，那時大家都已去飯廳了，只有陳的心腹走狗朱漱泉還在隔著紙壁躺在椅子上裝睡；我曉得這是他的竊聽技術，但因為事情將要「揭盅」，沒有再隱蔽的必要，所以不僅不迴避他，反而提高嗓子痛斥陳的一切。賈成基更把他自調查局所聽到的陳的底細，一一揭出，並且說他是一頭標準色狼，調查局裡鼎鼎大名的「黑牡丹」便是此君。同時並且指出許多和「黑牡丹」交換過花粉的女人名字，經他這麼一說，再把我幾年來親眼見到的許多怪異事實拿來加以印證，我相信他的話不是無的放矢。不過這些都屬於個人私德範圍，只要他的將軍同鄉不以「戴綠帽子」為意，或者他的乾女兒為達成某種目的甘願自動送上門去作他的臨時小情婦，我們才沒有多餘的氣力管這些臭事呢！

當我們談了一輪然後出街吃飯的時候，我看見那隻走狗仍然躺在那裡兩眼半睜半閉，滿臉露出狡猾的笑容，顯出非常得意的神態；我心裡暗想：走狗這次的報告一定精彩非凡，只是他的主人卻不一定高興知道呢。

我和賈成基到喜臨門吃飯時，要了一瓶啤酒，我們邊吃邊談，我在一張小紙條上寫了這樣的幾句話：「陳先生：敵人迫我日亟，為自衛計，將採取三種步驟對付之，詳情由成基兄面陳，蓋不欲家醜外揚也。」

我把這張紙條交給了賈成基，他問我所謂三種步驟是什麼？我告訴他：「陳主任在上台的第二天？曾公開宣佈實行「經費公開，人事公開」的新作風，現在他上台半年多了，不但大家不曉得經費收支情形如何，連我這個主管人事、經費業務的秘書，也是同樣的一字不知；不過，他若以為我真的毫無所知那便大錯特錯了，因為領來的數目是固定的，業務上的重要支出也是瞞不了人的，而每個月的收支數字，總是相差那麼多，我不曉得那些外匯究竟飛到哪裡去了。我要在組務會議上公開質詢，請陳主任答覆，這是第一種步驟。

「第二種步驟是把他的貪污事實，向紀律委員會正式檢舉，這一步驟也是為了表白我自己的一無沾染，雖同流而並未合污；因為六組的經費，五年之中由每年一百六十餘萬元，增到今年四百多萬元，加了一倍以上，每年編訂預算的時候，都是由我出馬交涉，沒有一次不是爭得面紅耳赤；想不到經我那樣千辛萬苦爭來的錢竟不用於業務而都進了他的荷包，外人曉得了一定認為我也分得部分贓款，否則為什麼那樣賣力？到了那時我真要弄得『跳在黃河洗不清』呢。

「第三種步驟是直接報告蔣先生，因為六組實際上是蔣先生直接指揮的一個單位，而陳主任之能有今天，也都是他一手提拔的，看他如何處置。三種步驟也許齊頭並進，也許只用一、兩個，到時候看情形而定。」

賈成基聽了我的話，接過紙條顯得非常興奮，我曉得這等於給他一個最佳機會，憑這一著一定會完成他的心願的。

下午上班時，我找會計來要他把最近幾個月的收支數目開給我，並要他把外匯部分的帳簿拿給我看；不料他說：「外匯部分根本沒有帳簿，只在一張紙上隨便記一記，月底拿給主任看看，他也不簽字，多餘的現金便當面交給他。」

我又問他半年來剩餘的外匯究竟有多少？他始終閉口不言，我曉得他不敢說，事實上我也知道個差不多，所以也不再讓他為難了。

賈成基把我的紙條和我說的三種步驟告訴陳主任以後，我們的專家馬上慌了手腳，想找機會向我解釋，但我竭力避免和他單獨相對；回到家裡，他又打電話約我到外邊面談，我也推說身體不舒服而予以拒絕。他見我不肯和他談，才感到事態嚴重，又請中央電影公司總經理李葉先生向我疏通，但我根本否認此事。

這樣僵持了幾天，我每天照常上班，也照常和他見面，但只談公事別的一概不提，彼此都裝成若無其事的樣子，真是廣東人說的「做戲咁做」。這種情形雖然只繼續幾天，但我已經覺得吃不消了，我認為那是一種精神酷刑，也是一種人格分裂，陳的感覺如何不得而知，但在表裡如一的我做起來實在感到萬分吃力，也萬分痛苦；因而我準備自動結束這場戲劇化的冷戰。

李總經理第二次又來找我，他是軍統局的老人，在抗戰初期（即我在豫東策反偽軍時期）擔任軍統局派駐鄭州的華北辦事處主任，河南工作也在他指導範圍之內，一九四〇年冬我和張人傑軍長到重慶時和他認識，後來他幫過我不少忙，所以我一向很尊重他。陳主任曉得這些關係，特地拉他出來調解這場外弛內張的個人糾紛。

李總經理勸了我許多話，都是屬於息事寧人之類，這次我無法再否認了，但對他所說的「自總統以下對於『以下犯上』沒有一個不深惡痛絕的」這句話，非常不以為然；我認為所謂上下也者，不過是職位上的分別罷了，職位高低雖有不同，但其為國家服務則一，在下的人犯了錯誤，當然應該接受上級的處罰，但在上的人犯了錯誤，難道在下的人連舉發、說話的資格都沒有嗎？果真如此，那麼湯放桀，武王伐紂和孫中山先生的推翻滿清，算不算

「以下犯上」呢？為什麼連封建時代的大聖人孟軻先生都解釋為「聞誅一夫紂矣，未聞弒君也」認為應該如此呢？可見所謂「以下犯上」之說，只是特權階級的防衛利器，希望以這個罪名，壓制著在下的人戰戰兢兢不敢超越雷池半步，好讓他們恣意地做著罪惡勾當而無所顧忌；否則此例一開，高踞要津的權貴們，恐怕很少能夠倖免的。我更由此悟出我國政府貪官污吏雖多為什麼很少案發判刑的原因來，第一個原因是懾於「以下犯上」的罪名，無人敢於挺身檢舉；第二個原因是了解內情的人，大半也分了一杯羹，所謂上下其手狼狽為奸者是也，他們基於共同利害掩飾彌縫之不暇，更不用說檢舉了。我之所以終於檢舉了陳建中，正是因為本身清白的緣故。

這些念頭只是在我的腦海裡縈繞，自然不會說出口來。當時我向李總經理表示：「陳主任對我太豈有此理了，所以我也要給他一個打擊讓他嘗嘗滋味。我所說的三種步驟，目的只在折磨他的精神，絕無見諸行動的意思，否則大可以一聲不響地在組務會議中當眾質詢，不把他當場氣死才怪，為什麼還要打草驚蛇給他個書面通知呢？請你叫他放心好了，我會自動撤退的。」

# 十四、我接受了「下放」

第二天我在電話裡約陳主任在他家裡一談，他似乎有點覺得出乎意外，因為幾天來都是他找我談而我毫不理會，現在我忽然自動地找他談了，當然很高興地答應了。

我到他家裡，靜悄悄地只有他夫婦在家，陳太太為我送了茶便被他支使了出去，他告訴我直到那時他的太太還絲毫不知我們之間所發生的事，我聽了心裡覺得好笑，「誰信你的鬼話？你不讓太太在跟前，不過怕我說出不中聽的話使你無法保持堂堂大主任的尊嚴，在太太面前出醜而已。」

這次，我對他講話的態度一點也不客氣了，我首先開門見山地指責他不該用這些手段對付我，接著把我們認識以來六、七年間我在公私方面幫忙他的情形以及他最近玩弄打擊我的事實，痛快淋漓地一一指出，罵他不配作一個朋友，更不配作一個長官！我問他「為什麼假裝保我作副主任，而卻在暗中玩弄我？」又問他「為什麼鼓勵姚秉凡和我搗亂，難道我在六組的價值還不如人所不齒的那個壞蛋？」又問他「為什麼我要求調二組你不接受，反而一連八次非把我趕走不？」

最後我表示：「君子絕交不出惡聲，我生平沒有和朋友翻過臉，凡是我跟過一天的老長官我都始終尊重他，但只有你是例外，你既不配作我的朋友，也不配作我的長官，因為你只認識『勢力』和『硬的後台老闆』，而這些都是我所缺乏的，你以為這樣便可隨意欺負，這便是我要回擊你的原因；然而也不過虛幌一槍打擊你的精神而已，絕不會對你有實際行動，你可不講朋友，不顧道義，但我還不至於壞到跟著你學步。在你領導之下的六組，我的確一天也不願再幹了，不過我要找一個適當機會很自然地離開，否則別人問起來，我只有照實說出，我固然面上無光，而名譽損失最大的恐怕還是你。」

我滔滔不絕地一直講了兩個鐘頭，好像一個演員在讀劇本中自己的台詞一樣，他只靜靜地坐在沙發上，在陰暗的角落裡低著頭府視地板不聲不響，在偶爾抬頭和我目光相遇時，便馬上避開；我曉得這時他已受到良心的責備——假如他還有良心的話——不敢對我正視。那時我突然體會出「邪不侵正」這句話的力量來。

我的話講完了，他並不辯白——因為他無可辯白——只是對我的話提出兩點解釋：第一點他對我批評他過於虛偽一節表示否認，他說自己真不願幹第六組的主任，也確向蔣先生推薦過徐晴嵐先生；第二點他要說要我去香港並沒有相逼八次之多。我又告訴他：「推薦徐副主任可能是事實，因為你確切知道蔣先生對他的印象不佳，絕對不會考慮，樂得做個順水人情，還可以顯示你的謙讓美德，這正是最大的虛偽。關於逼我去香港多少次的問題，我清楚地記得你自己和我談了兩次，黃總幹事當著你的面問過我兩次，賈成基問過我三次，李副主任是最後一次，請你算算是不是八次？」最後我說：「到香港並不是不可以，別人既然都可以去，我的條件雖然較差，但只要自己肯幹，也未必會比別人差到哪裡去，問題是必須我自己願意；假如我自己不願意去，而你硬逼我去，縱然那裡是一座天堂，我也會把它當作地獄的。你總還記得張先生時期大家檢討香港工作那一次吧？因為大家對香港的工作表示不滿，張先生即席聲明：『除了兩位副主任外，秘書、總幹事，專門委員之中哪位願去香港負責都可以』。結果卻沒有一個人去。那時的經費是每月二萬一千港幣，又是獨立單位，一切都可以獨斷專行；現在每月經費減少了五千，上面又多了一個指揮單位，同時最近看到那裡的檢討報告，每月可以用於工作的錢不過五、六百元，在這種情況之下，你逼我去那裡負責，真看不出你的善意在哪裡。不過這倒是我離開六組的一個過渡辦法，到那裡一個時期，回來之後再到其他的單位去比較自然些。如果你的原意還未打消的話，不妨再仔細考慮考慮。」

當我臨走的時候，他笑著說：「外匯的處理方式，以前的唐先生、張先生都是如此，我想秘書長不是不曉得。」

我知道這是他在替自己撐面子，一方面不承認自己貪污，一方面暗示即令我向中央黨部檢舉也沒有用，我因為自己既已決心「撤退」，自然不好意思再當面揭穿他的假面具，只輕輕地說：「這是實質問題，不是方式問題。」

這句話大概說中了他的「心病」，他聽了面孔一紅沒有再說下去。

晚上我打電話給李副主任，告訴他香港之行我可以接受了，他聽了非常高興，表示等到和陳主任商量後再簽報蔣先生。

過了幾天，蔣經國先生約我見面，他首先向我表示陳主任對我很好，在六組待久了到香港換換環境也好。又問起我的家庭情形和我的太太有什麼新作？我並不以他對我何以如此清楚為異，我知道這是我的「唐派兼楊派」的可疑身分，拜張師先生「口角春風」之賜，所以才會對我有如此印象。他又慨嘆許多同志一到海外便常常不聽命令，有的更只知道弄錢，接著他又問了許多有關工作上的問題，我都照當時的計劃回答了他。最後他要我在動身之前再來談一次。

這時，陳的簽呈也經蔣批准了，這個批準雖具決定性但仍是非法的，見不得人的，按照正常手續，六組應該正式提報海外統一工作指導委員會，或者向港澳特派員辦公處推薦，再由特派員呈保的。如用前者馬上可以由海統會明令表示，通知港澳特派員辦公處遵辦；如用後者則我仍可住在台北，等到海統會正式發表時再啟程前往。然而這些堂堂正正的做法，都是習慣於鬼鬼祟祟作風的陳建中先生所不願採取的，他以為採取前者，恐怕香港單位出問題，那時我便不一定肯來，採取後者，周折費時，起碼我還要在六組待上一、兩個月——這是他最感頭疼的，他恨不得我立刻離開台北拔去這顆眼中釘。因此，兩種正常辦法，都不採用，又使出他的欺騙花招來。

他告訴我：「黃紹祖和李夷然二人有特殊經濟關係，所以你這次去香港在海統會未正式發表之前，對他們兩個都要保守祕密，免得他們從中阻撓；早些天我在批港組公事的時候，對於特派員辦公處的第三處處長問題，暫不作決定，只派李夷然暫行代理，黃紹祖和我講了幾次派李擔任，我都沒有答應，便是為今天預留地步。不過，你不能在這裡等待正式發表，那需要一段相當長的時間，夜長夢多恐怕發生什麼變化，你必須以視察的名義，先到那裡掌握部隊才行。」

他所說的「掌握部隊」是指掌握幹部而言，我以為他是小題大做庸人自擾，難道香港一班幹部為了一次人事更動便會造反不成？像這樣的組織，還談什麼和敵人鬥爭？我心裡雖然不以為然，但因為他所領導的六組業已感到厭惡，樂得先來香港遊玩一段時間再說，因為我已有許多年沒有獲得過這樣的休息機會了。

於是我便在這樣情況之下接受了「下放」。

# 十五、果然是個陷阱

在我動身來港之前，陳主任一再向我表示：「過去的事不談了，我們以後要從頭作起。」我向來是以己度人的，我們雖然經過那樣一次決裂，但我以為「大丈夫一諾千金」，焉能口是心非，總不致於向我暗放冷箭吧？所以對他一點也沒有懷疑。同時因為我在特務圈子裡幹了這樣久，中途改行既無可能，繼續本業又缺乏有力的靠山，現在又開罪了太子先生的「新寵」，環境愈來愈惡劣；唯一的希望，只有把香港工作做好，以成績換取信任（現在看來這是多麼可笑而又可憐的幼稚想法），否則非被永遠「冷藏」受盡白眼不可。因此，我決定以破釜沉舟的最大決心，不顧任何困難、危險、一定要把工作做好。

到了香港，我馬上把此行任務毫無隱瞞地一一告訴了當時的負責人——李夷然君，這樣作法和陳主任的指示是完全相反的，然而我以為一個人無論對上、對下、對朋友，只有以誠待人才能換得別人誠的回報，我對陳建中的深惡痛絕，便是他對我欺騙、玩弄的結果，我認為要把香港的工作做好，首先必須取得李君的合作，但我當時是處於「取而代之」的地位，這恰是一種稍具敵對形勢的微妙關係，要取得他的合作似乎不大容易；所以我決定推心置腹以真誠來感動他，再加上我們過去友誼的基礎，所以經我幾次誠懇的挽留之後，終於使他打消了辭意。

香港組的負責人許多年來都是何新榮君，陳建中上台之後，逼迫著何君辭職，而以原任副組長的李夷然君代替了何君，然而這只是他用的「欲取先予」的一種策略，主要目的還是想派他的心腹來主持；不過因為這裡的情形特殊，不敢操之過急，所以接著又派楊錦煜來作李的副組長，處處採取監視態度，逐步迫李自動辭職，其所以不敢直截了當的派楊負責者，乃是因為以前他在這裡的時候，搞得聲名狼籍無法服眾的緣故。

楊錦煜字暉亞，湖北人，黃埔軍校四期畢業，原屬CC大將之一；大陸淪陷時，任漢口市政府秘書長，曾向共軍辦理交代，後來看到情形不對才又逃到香港，屬於所謂「靠而不攏」之流。最初屢次申請入台，都因這個關係而被拒於國門之外，因為他和唐縱先生有同事之誼，所以派為香港組的運用人員，一九五四年國民代表大會開會選舉總統，因為需票殷切特別歡迎海外國大代表赴台；他靠了太太劉靜君身為國大代表的關係，乘機跟了進去，從此，他才算能在台灣公開露面。由於當時副主任陳建中的支持，正式派為香港組副組長，返港之後，自以為朝中有人支持，驟然得意忘形，除了亂報工作費之外，還包了一個舞女，虧空公款四、五千元；調回台灣一年之後，竟還無恥地又向香港組負責人要了一千元的「額外」薪水，還他玩女人的舊帳。

陳建中上台之後，馬上派楊錦煜三度來港試探反應，楊也自以未來負責人自居，怎樣也料不到會在「半途裡殺出個程咬金」的我來，雖然萬分不快，但又無可如何；因而在一九五七年十月上旬，又隨同文化界返國參加國慶為詞，回到台北向陳請示機宜。

我和楊錦煜以前並不相識，毫無個人恩怨可言，但經我各方接觸之後，對於這個人的品格頗起反感，尤其是那種「死要錢」的作風，當時便向六組作了一個報告，大意是：楊錦煜的資格很老，只宜做指揮設計工作，這裡人少事煩，需要能跑、能寫、能講的執行幹部，而這些都非他所長，請把他留在台北，在四室服務的石遠良君，很適合這裡的工作要求，請派他接替楊的職務。

半月後，楊錦煜突然自台北回來了，我的報告也沒有答覆，只有李副主任寫給我一封私函大意說：我的報告看到了，主任認為楊有他的長處，所以決定還派他回來，又說從前成大功立大業者如曾、左諸先賢，對於各種人才兼容並收，希望我也能效法他們云云。我對於來港後第一個重要要求便碰了軟釘子，心裡非常不快，但我還抱著「與人為善」的心懷，希望楊能痛改前非幫我把工作做好；誰知道這僅是我的天真妄想，後來證明在楊回到台北時（楊回台也是奉陳之命），陳建中便面授機宜確定了對我的一套作戰計劃，因而也種下我們再度交惡的種子。

陳建中這一個蓄意打擊我的卑鄙決定，是我脫離台灣國民黨的最大關鍵。因為我們之間的感情本來已破裂到無法彌補了，再加上楊錦煜從中加油添醋的挑撥，無異火上加油，、哪能不愈來愈糟？楊在陳建中對我鬥爭的一役中確是陳的功臣，所以當我離開之後，嚴靈峯曾一再為他講話，說他替陳出了不少力，論功行賞第三處處長應該讓他做。我之所以能夠跳出那個困我多年的「家奴」圈子，也不得不感謝他的成全，所以我不惜為陳建中這隻得力走狗多費一點筆墨。

我們第三處的經費，每月是港幣一萬六千七百七十元，人員依照編制連僱員只有十一人，但實際上連運用人員在內差不多有三十人（超過編制幾達兩倍），而這三十人之中真正能發生作用的也僅止三、二人而已。每月經費除了固定開支所剩不到一千元；然而這不足一千大元要辦的事，計有：聯戰、心戰、文化宣傳，資料蒐集與敵情研究諸種工作，不知內情的人，看了上面的工作項目和用來完成這些項目的經費其比例竟是如此的懸殊，一定以為我是在說笑話，再不然就是認為我們有一隻《天方夜譚》的神燈，可以隨心所欲地要什麼有什麼，否則，國民黨的特務人員，並非個個都是三頭六臂，拿這幾個錢，做那些包羅萬象的工作，豈不是叫人「挾泰山以超北海」嗎？是的，陳建中的確是要我「挾泰山以超北海」的，因為這種情形，以前香港組曾經有過詳細的檢討報告，當我在台北問起這個問題時，他還騙我說「已經完全改善了」；我現在才清楚，一個製造陷阱來捕捉他的目的物的人，你還能希望他在陷阱中為他的獵物裝置一些舒適的設備嗎？明乎此，對他的所作所為也就不足為奇了。

我意識到自己是在一步一步走向滿佈荊棘的陷阱邊去，也彷彿看到那位專家偽善的面孔上，現出得意的獰笑，我深深曉得此行一定凶多吉少；然而我決不畏縮，更不萌退志，我要以大無畏精神不顧一切大刀闊斧地硬幹下去，寧肯光榮地失敗，也不能坐以待斃，凡妨害、阻撓、破壞我的工作的，都是我的敵人——包括那位專家在內！

# 十六、背水之戰

我既決心硬幹一番不向環境低頭，便非硬著頭皮充當一名主婦肩起「無米之炊」的責任不可，然而飯畢竟是用米煮成的，「無米之炊，巧婦難為」，何況我這樣一個拙婦？唯一的辦法只有想法子找點買米的錢——經費。

提到經費更使我憤懣萬分，六組每月都有將近兩萬港幣的剩餘控制在專家手裡，然而那是他視為私產的禁臠，想都不必去想。開源既不可能，只剩下一條節流的路可走，雖然崎嶇難行，但總比沒路可走好得多。

所謂「節流」者乃「裁員減薪」是也，這句話在自己的國家裡實行起來尚且常常引起軒然大波，何況在別人治下的我們，這種見不得人的祕密組織？而且這裡的人事，許多年來有增無減，即令明明看到某人毫無作用，但因為有所顧忌，歷來負責的人大半都抱著「花錢免災」的心情而拖延下去，否則哪會弄到今天這樣焦頭爛額的地步？然而現在已到了「水盡山窮」的程度，我縱想「蕭規曹隨」也無此可能，為了不甘心束手待斃，只有冒險來一次空前「大掃除」。

過去我只曉得大衙門裡冗員多，想不到我們這種所謂「革命組織」裡冗員之多，竟多到使人無法相信的地步，放寬尺度衡量，也在全部人員百分之六十以上，這裡面包括有：根本只拿錢不做事的，所做的事不是我們所需要的，一曝十寒式偶爾客串一次的，還有領了資料費不買資料或象徵式的買一點了事而把錢中飽的，形形色色不一而足。除此之外，大陸廣播部委託我們每月為他們購買三百五十元港幣的共報，因為他們沒有外匯，折合黑市台幣交給六組，再由六組撥付我們港幣；不料那位精於計算的「專家」，腦筋一轉計上心來，大陸廣播部送來的台幣照收不誤，而應該撥給我們的三百五十元港幣卻吝而不撥，於是我們的「專家」又神不知鬼不覺地平添了一筆收入（直到我負責之後才揭穿這個內幕，當然又犯了他的大忌）；可憐這個數目竟等於當時我們工作費的三分之一之鉅呢！這真是「閻王不嫌小鬼瘦」啊！

大陸廣播部的資料名義上雖是委託我們代買，實際上他們已經自己指定了台北《中央日報》的駐港記者曾某代辦，我們每月把款交給曾某，再由曾某買了直接寄去，究竟買了些什麼，曾某既無單據，也不向我們報告，所以不得而知。不過依常識推想，三百五十元買大陸報只能買一份，於他們有什麼用？買香港共報，則把所有共報買完也用不了十分之一的錢，這裡面顯然別有隱情。因此，我給六組一個報告說：「這裡改制後，每月都要向特派員辦公處報銷，大陸廣播部的資料費，請他們按時寄來，好交曾某代辦，否則，大陸廣播部用的錢我們怎能向特派員報銷？最好請他們把款直接匯給曾某，不必要我們代轉；如果認為有困難，我們願意每月免費供給他們香港的共報。」這個報告依一般人的看法，無疑地會照我的最後建議批覆的，因為那樣既替大陸廣播部省了一筆錢，又免除了許多麻煩，而該部依舊可以得到他們所要的東西，一舉三得何樂不為？然而天下的事有時竟有不能以常理推測者，這個報告久久沒有批覆，而曾某卻時時來催領資料費，我派人告訴他：「這裡改制了，我們的經費每月都要報銷，請你先把過去經手的單據送來結算一下再說，因為到現在為止，我們並沒有見到大陸廣播部半分錢，都是我們墊付的。」這件事情自一九五七年十二月到次年五月才告解決，解決的辦法是：不要我們免費供應，也不叫我們這個單位辦理，而是指定我們的一個職員以個人身分酌情辦理，後來竟不了了之。聰明的朋友們！你們曉得我們的陳大主任為什麼這樣決定嗎？原來我那一舉三得的建議，一般人看來固不失為最好辦法之一，但確不合乎陳大主任的經濟觀點，因為那樣做固然弊端杜絕了，然而我們卻忽略了舞弄弊端者正是此公；一個在下位的人，竟然吃了熊心豹膽，居然敢割斷上司的財源，其不觸霉頭者幾希！說實在的，我的確佩服他的弄錢手腕之神妙，這樣糊里糊塗的決定，雖於事無補，但大陸廣播部主任和中六組主任同為陳建中先生一人，資料仍然算是委託我們代辦，還怕大陸廣播部的會計兼中六組會計的魯承吉不把三百五十元港幣的黑市台幣乖乖交出嗎？於是不盡「財源」滾滾來，這位有名無實的「匪」情專家，似乎應該正名為「生財有道專家」才恰當呢！

我這支「眼中釘」，「下放」到海外仍是這樣不妥協，恐怕大非陳大主任始料所及吧？不管後果如何，停付了曾某的資料費等於多了一筆工作費，接著又在裁員方面大傷腦筋。

在我準備的名單中，有兩個人是來頭頗大而且都是經我簽派的，一個是我們的頂頭上司中央黨部秘書長張厲生先生介紹的曹君，他和張秘書長有些淵源，在一九五六年回國觀光時，張秘書長認為他在這裡的社會關係頗多，要我為他想想辦法；當時我便報告張主任派在這裡試用，不料他所能蒐集到的東西，我們都不需要。另一個是前任主任張炎元先生介紹的黃君，他是正式任用的，但和曾君一樣也不合乎我們的工作需要，假使另換一個老於世故的人處理此事，一定會依照「為政不難，得罪於巨室」的官場秘訣，把他們兩位留用的；但我沒有那樣做，我的裁汰標準是以適合工作與否而決定去留的。他倆的情形正合乎裁汰標準，如果單單為了他們的介紹人是某些人而便加以偏袒，這是陳主任的拿手好戲，也是我平時最不齒的一種作風，我焉能明知故犯？同時，其他被裁的人也不會心服，因此，他們兩位被我列入了第一批停用名單。

我雖然這樣大公無私毫無偏袒地處理此事，但依然引起某幾個人的強烈反對，其中可以一位小姐作代表。這位小姐自唐主任主持六組開始，便在這裡服務，據說因為當時的負責人對她特別垂青，每月除了應得的薪水外，還有為數不貲的資料費和經常的醫藥補助費，合計下來，每月收入幾達二千元。可惜好景不常，六組改組之後，那位負責人回台了，接替的人既沒有那樣多的經費，也和她沒有特別感情，每月資料費減為二百元，大概出於習慣成自然吧？這二百元的資料費，仍是大部分歸入她的私囊。我曉得這種情形之後，便決定以後的資料不讓她買，本來她也不合乎我們的工作需要的，為了她的處境困難負擔又重，所以特別為她每月保留一百元，請她設法另找工作；這區區一百元看來不算什麼，但已盡了我們的最大力量了。不料這位小姐仍不滿意，聲言非向中央告我不可，同時她還表示自己有朋友在某部工作，隨時可以讓我們嘗試鐵窗風味；許多人都認為事態嚴重，我卻一笑置之，並向同事們說：「我非常歡迎她向中央告我，因為這新編制是中央決定的，我僅是執行命令而已，只要中央肯把我們的經費增加若干，一個人不裁我更為歡迎。至於向某部告密讓我們坐監獄的問題，只要她願意同去，我們也樂於奉陪，我們與其在這裡看著工作失敗，倒不如乾脆被遣送回去的好。」

從前韓信曾說：「置之死地而後生」，我也學了他一次「背水為陣」，因而安危渡過了裁員的難關。

本來各單位在這裡停用工作人員，為求平安無事，照例都發給若干遣散費的，但是我們那位視錢如命的陳主任，只曉得要錢，對於我們這些人的平安與否，似乎一點也不放在心上，所以始終一毛不拔。這點，使我對於停用人員們感到非常抱歉。

這次共裁了九個人，每月節省兩千元左右，實行新預算大家普遍減薪，又節省數百元，再加上停止墊付大陸廣播部的資料費三百五十元，連同原有千元，共約有四千元之譜，數目雖仍不夠理想，但已盡其羅掘之能事，對於一般工作也可勉強應付了。

# 十七、縮小包圍圈

經費有了，然而我發覺我們的工作人員的工作情緒，普遍低落，這對於工作開展無疑是一個極大阻礙，為了振作大家的工作情緒和使這筆得來不易有限的錢能夠涓滴歸公，我也來一個「東施效顰」——仿照軍中推行有效的四大公開而宣佈了經費公開，人事公開，意見公開和賞罰公開；為了有別於陳大主任掩耳盜鈴式的經費公開，特別就現有人員中推選兩位出來分擔會計出納業務，所有關於錢財的事情完全交給他們。另外自行訂定一種獎懲辦法，每月月終在會議中公開評定，有功者獎給現金——因為我發現在香港住久了的人最講實惠，所謂記功、嘉勉那一套榮譽制度，遠不及「銀紙」來得有效，所以每月特自工作費中抽出三百元作為資金；假使這個月沒有受獎的人或雖有人受獎而沒有用到三百元，剩下來的錢便作為同仁們的福利金，作為救濟、醫藥補助之用。這個辦法，很得到上面的嘉許（因為不用他的錢），實行起來，同仁們果然一個個興致勃勃，不再像過去那樣死氣沉沉了。

我們每月的房租，大約需要兩千元，押金當然也要這個數目，但問題來了，我們的預算中既無押金一項，也沒有分文週轉金，我向陳主任要求幾次，請他一次發給我們三、兩千元的週轉金，並說明這不是增加經費，只是預借性質，最後可以在我們的經費裡扣還；但不曉得什麼理由——也許恐怕影響他自己週轉吧？那位專家竟始終不肯答應。因此我立定主意在最初幾個月裡，一定儘可能的撙節，省出一部分錢來作為我們的預備金，一則應付像押金一類的開支，再則準備一旦遇到緊急事件或特別問題時，自己可以先行解決，不必再等待上面的決定，像「涸轍之鮒」等「西江之水」那樣慘了。

果然，在過農曆新年時，我們的經費中斷了，因為時間太短還沒有節餘出錢來，害得我們幾乎過不了年，幸而我向調查局方面負責的人借了五百美鈔，又用高息借到一千美鈔，這樣才算發了同仁的薪水渡過年關。

正當我們一心一意埋頭工作的時候，不料那位專家又要起新的花樣來，他異想天開地宣佈了任期制度，規定負責人一年為一個任期（較之國軍將領任期二年還短一年，想是因為我們比那些將領們更為重要的緣故），成績優良者可連任一次。我曉得這個制度完全是為我而訂，因為按照這裡的實際環境，一個負責人只要不是胡作亂為或立足有問題，給他的工作時間，的確不應該過於短促；廣東籍的不談，試以一個外省籍的我為例吧，一個對香港完全陌生的人，熟悉環境、稍通語言、找到合法身分，恐怕就非一年的時間行；試問一個生手，剛剛對一切熟悉了，又馬上調走另換一個生手來（可能還是外省人），如此作法是不是和自己開玩笑？我的確想不出這是什麼觀點。港澳特派員辦公處既不是「認識香港訓練班」，而中六組也不是什麼旅行社、導遊社，難道這也算是為了工作？況且台灣派香港的工作單位，至少有十個以上，據我所知其他單位的負責人，根本沒有任期規定，只要不發生問題，工作不拆爛污，為了駕輕就熟，時間愈長愈好。試以特派員辦公處所屬單位來說吧，無論中二組、中三組，情報局、調查局，他們的負責人差不多都是老人，同屬一個組織，如果有什麼重要規定，當然應該所有單位一視同仁，現在別的單位完全仍舊，只有中六組單單對港澳特派員辦公處的第三處標奇立異地特別來個單行辦法，視特派員如無物（在理，中六組僅是中央黨部幕僚單位之一，對港澳特派員辦公處只能以「海統會」的名義發佈命令而不能直接指揮，像這類制度性的大問題，他更無權過問），我以為這是陳大主任「勝利沖昏了頭腦」，自以為有了太子先生撐腰，一切便可為所欲為，不但瞧不起特派員，連「海統會」的組織系統也不放在他那一對勢利眼裡；另一方面，因為我在這裡大刀闊斧地硬幹一通，生怕我是在作「子子孫孫萬世基業」的長久打算，豈不破壞了他的原定計劃？加上走狗楊錦煜小報告的推波助瀾，所以才饑不擇食地想出這樣一個對付我的辦法，使我最多也不過幹上一年（當然不會讓我連任一次——不論成績如何），免得到時候找不出趕我走的適當藉口。

我之所以反對陳建中的所謂任期制度（這不是中央黨部人事法規中的規定，也沒有通過海統會，所以只能算是陳建中的私法），決不是戀棧不捨——事實上是我根本不來而他硬逼我來的——而是反對他竟又明目張膽地對我再來一次「限期迫遷」。本來按我的預定計劃在香港也不會超過一年，只要工作成績過得去，不致於讓我「無面目見江東父老」，便會心滿意足的自動辭職並斷然離開六組的，然而那必須要我自願，不能無緣無故的招之則來揮之則去的那樣玩弄我，現在剛接事不到三個月就要限期逼我走，真未免欺人太甚了！

我對陳建中的一切陰謀伎倆，可以說是「如見其肺肝」，他的任何花樣絕難逃出我的雙眼，後來事實證明這個辦法果然百分之百是為我而設，派駐泰國方面的黎世芬君，接到這個辦法後，認為自己早已任滿，當真地上報告請求「瓜代」，代黎君是太子門生，陳建中優待之還恐不及，怎麼接受他的請求？繼我之後的石遠良君，幹了三年，還不是依然繼續負責？足見那個辦法完全是對我一個人的。在運用任期制度這一方面，陳建中可算是得了太子先生的真傳。結果這個任期制度絲毫未起作用，等於放了一個臭屁，其作用僅是臭氣薰人徒惹反感而已。

另一個新花樣是規定在海外工作的人，不准帶家眷。

我對於任期制度，雖有強烈反感，但只是藏在心裡隱忍未發，對於這個海外工作人員不准帶家眷的規定，簡直忍無可忍了，因為那時我正準備把家眷接來，這個辦法當然又是以我為「假想敵」，於是我寫了一封信堅決反對此事，所列舉的理由大意是：我們在香港沒有職業掩護，為了工作方便必須集中辦公，如果一家人家，沒有女人和小孩，只有一群單身漢每天在一層樓中出出進進，既不是寫字樓，又不像住家，縱然不被警察發現，鄰居們也一定會發生疑問：「這些傢伙出出進進鬼鬼祟祟，一定不是善類，為免將來受累，還是報告差館為妙」，於是乎離「提將官裏」不遠矣。假如有家眷掩護，情形便完全不同。作地下工作的人，沒有家眷還要製造「工作太太」來作掩護，現在同志們的太太自己來了，為什麼還不准許？

香港這個地方是個十里洋場，聲色的誘惑到處都是，一個單身漢在工作之餘，不能老是吃飯睡覺，所以賭博、玩女人的事例，時有所聞，假如他們有家眷在此，或許根本不會發生這類事情，對於個人的經濟、道德、健康都有相當的影響。

其他單位的工作人員，很多有家眷在這裡，為什麼單單我們六組有此特別規定？是不是六組認為只有我們這些人才靠不住？那麼當初為什麼派我們來？如此說把家眷留在台灣作人質，我看也不見得有什麼效果，許多投共的軍政大員們，豈不早把家眷送到了台灣，然而又有什麼用？

最後我建議這類事情不必硬性規定，應該在最初派遣的時候，認真考慮這個人是否真正可靠，如果認為有問題，根本不派他出來，如在派出之後發現了有問題，才可設法阻止他的家眷出來勉強作為人質——然而已是最下策了，我現在只想把太太和小男孩接來，留下女兒和岳母作人質，相信沒有什麼不妥吧？

這封信上去之後，我的家眷終於來了，但我意識到對方的包圍圈已在逐漸縮小，我的四周都感到有沉重的壓力存在，對專家的反感愈來愈深了。

陳大主任對我祭起的兩種法寶，都沒有發生什麼作用，徒見其心勞日拙罷了。但不久之後，他竟要把我倚若左右手的李夷然君調回台灣，為了打擊我不惜親手破壞我們的工作，這算是什麼心肝？因此，我們之間原已無法彌補的裂痕更加不可收拾了！

# 十八、「射人先射馬」的陰謀

我們的第三處經過一番整頓之後，自然較過去改進了不少，但人員方面，因為只能自舊人中選用，距離理想何止十萬八千里？當時我自六組邀來的一位心戰專家還沒有到，原由楊錦煜負責的心戰業務，不啻是一頁空白，除了負責蒐集資料的同志勉能稱職之外，真正能替我做事的只有一位李夷然君，按比重來說，他一個人做的事情，差不多等於全部人員所做的三分之二。同時李君還有幾點過人之處：第一、他的記憶力特別好，幾年前的舊案，他可以不必查卷而道出其來龍去脈，對於全般業務瞭如指掌，問起他來歷歷如數家珍，這對於一個一切都屬陌生的我認為簡直是不可須臾離的，尤其是在這樣檔案無法保存的特殊環境下，更是不可一日無此君。第二、他的頭腦清晰，遇事有辦法。第三、他不辭辛勞，努力工作，遇事從不推諉偷懶。第四、他對金錢有分寸，絕不浪費公家一文錢，每次因工作需要而應酬時，一定拿出原始單據。這點看來雖覺平常，但和後來的幾位只知一味要錢揩油，遇事亂開帳的楊錦煜之流比較起來，確屬難能可貴。試問像這樣的人，在我們這種特務圈子中向哪裡去找？此外，更重要的是台北方面所傳的關於他的壞話，完全不是事實，因此，我要主張公道，不能以陳建中的個人愛憎為愛憎，我要為組織保存一分力量。

大概由於我們合作得太好的緣故，我們的上司看不慣了，按道理講，一個工作領導者，對於所屬單位的人事協調，應該是求之不得的，否則彼此之間互相摩擦，怎能把工作做好？但陳主任對於我們這個第三處，的的確確並不希望它有什麼成就，相反地，他恨不得我們儘早垮台，看著我栽跟頭才能洩他的心頭之恨。這話外人聽來，似乎不近情理，但陳建中之所以為陳建中就在這種地方，他慣於利用他那上司的優越地位來對我進行卑鄙無恥的陷害勾當，對於工作的影響如何，他是不加考慮的；由於後來為了陷害我和我那無辜的（我自己究竟犯了什麼罪到今天仍然不知道）妻兒，竟不惜以破壞台灣派駐香港的全部組織安全為代價，便可證實我的話半點也沒有冤枉他。另外，楊錦煜眼看自己一切均不如人，不知自愧反存嫉妬心理（歷史上的奸臣害忠臣，小人害君子，大概都是犯了這個毛病），在他們上下勾結內外串通之下，決定了對我採取「射人先射馬」的陰謀，一紙命令調李夷然君到關島受美國人的心戰訓練，以為把他調走，使我完全陷於孤立，便可以任意宰割了。

在李夷然君的調訓命令未發表的一個月之前，陳主任在他給我的私函裡告訴我，他現在有一個訓練計劃，準備先調訓李君然後調我，我看了之後立刻回信告訴他，李君在這裡的工作異常重要，差不多整個工作都賴他一人支持，絕對不能離開，請他打消此念。此信去後沒有答覆，我以為他已同意了，想不到未到一個月便接到調訓的使命

本來上級單位調訓下級單位的一個工作人員，是一件非常平凡的事，用不著大驚小怪

的；然而這只是指的一般合情合理的措施，並沒有陰謀詭計存在乎其間者而言，而這次調訓卻完全不是那一回事，第一、命令上指明是受美方的心戰訓練，我們的心戰業務是楊錦煜主管，李夷然君負責的是政（聯）戰，既然名為心戰訓練，調楊受訓才是順理成章的事，為什麼反而調到業務毫不相干的李來？第二、明明曉得政戰業務只有李君一人唱獨角戲，沒有可以代替的人，我在信上又一再懇切說明不能離開的原因，（當時還不知是受心戰訓練），為什麼不惜使政戰業務停頓也要非調不可？第三、我確切曉得這是陳的慣用手法，受訓之後一定會被他留在台北不再派回香港來。這對我的打擊太大了。為了不甘這樣眼睜睜看著被人弄垮，我馬上去見特派員，把六組的命令給他看了，並向他說：「命令上限二月底動身，三月中旬赴關島，訓練一個月返回台北，即令再派回來，至少也要兩個月的時間，現在政戰業務只有他一個人唱獨角戲，根本找不出替代的人；如果照六組的命令辦理，我請求把政戰業務停兩個月，等他受訓回港之後再恢復。」

那時，這裡的民主人士所倡的「不合作運動」正在新聞文化界爭論得如火如荼，政戰工作最為忙碌。所以特派員聽了馬上說：「政戰工作停止兩個月那怎麼行？請你答覆六組請他們緩調好了。」

這類公事本來應該經過特派員辦公處的，但那位陳主任眼裡根本沒有這個單位，依舊直接通知我們，因而使得特派員很不開心。

站在第三處的工作立場，當然照著特派員的指示答覆了六組，同時我另寫了一封私函給陳建中，這封信的措詞很不客氣，直截了當的指責他這是有意拆我的台，我要他注意，我是在替他辦事，拆我的台等於拆他自己的台。這樣一來他們居然說我「抗命」，我不曉得這怎麼叫做「抗命」？相反地我正是尊重組織系統服從命令，雖然說是有人抗了他的調訓命令，然而那是港澳特派員的事情，無論如何這個抗命罪名，也加不到港澳特派員辦公處之下的區第三處處長的頭上來。陳建中作賊心虛，當然不敢把這事提到「海統會」去，只是仗著自己高高在上，佔有絕對優勢地位，因而一味蠻不講理地壓迫我這個孤立無援的弱者罷了！

甫告平息的在台北燒起的那場怒火，又因這次調訓問題被他再度燃起，也使我省悟到他所保證的從頭作起也者，依然是句言不由衷的騙人鬼話，我意識到迫害我的陰謀毒計，一定會接踵而來；然而我既不退縮，也無處逃避，只有自己站穩腳步，埋頭工作，對於他的明槍暗箭，儘可能地力求自衛而已。

果不出我所料，陳主任的破壞手法繼續不斷地向我使出了，他常常在命令中指定某一件事要楊錦煜負責辦理，而其中多數是屬於李夷然君的政戰業務範圍，這是他的「一石二鳥」毒辣手法——對我來說，讓同仁們看到上級根本不重視我，把我看作一具無用的木偶，連分配工作的能力也沒有，打擊我的威信，暗示大家可以不必服從我；對李夷然君說，自己的業務，竟被上級指定另一個人——一個自己平日最瞧不起的人來「越俎代庖」，這簡直是無比的污辱！也等於暗示說：「調你回來你不回來，我要儘可能地蠛視你，把你視同無物，看你還有什麼臉待在那裡」？尤其是李君過去曾在這裡一度負責，在同仁的眼中，更是無法忍受，等於一紙無言的逐客令。對楊錦煜來說，表示上面重視他，信任他，要他放心大膽和我搗亂，有陳在背後支持；於是「小人得志大似皇天」，這隻忠實走狗越發傲氣凌人，在冷巷中走起路來，也是大搖大擺，常常弄得我無路可走，只好側身讓他搖擺過去；在他自以為得意非常，在我看來認為這動作活像舞台上的一名「小丑」，只使人感到可厭、可鄙與作三日嘔！

陳建中的這種「一石二鳥」手法，玩了共達六、七次之多，表面上似乎也發生了一些效力——助長了楊的氣燄，打擊了我和李君的威信——而骨子裡只不過使我對他的敵視心理，日益加深罷了。

# 十九、「交心」與視察

陳主任雖然這樣地一再對我打擊，但我還認為不應就此決裂，也許他是受了楊錦煜挑撥的緣故，如果能把這裡的真實情形和我的工作態度對他徹底詳談一次，或者能把他那種惡劣態度改變過來也說不定；況且我來香港的目的，不過想在一段不太長的時間裡，做出一些成績來，作為今後混飯吃的資本而已，並沒有真正和他作對的意思，否則在台北時便已真刀真槍幹起來了，怎能等到今天？因此，我向李夷然君說：「陳主任對我們不諒解的原因，據說還是因為那次調你受訓不成的關係，說我們不聽命令，有些傢伙甚至造謠說你不敢回去。真是可笑、可惡之至！不過陳主任對我們有很大的誤會卻是真的，我看只有向他懇談一次，或者可能有一線轉機，否則這樣演變下去，誰也不曉得將來會鬧出什麼亂子來？這既非我們的本意，也不是我們應有的態度。但因為我剛剛領到身分證，沒法申請『回港紙』不能回去，你是不是可以辛苦一趟？這一炮如果能打響，以後的工作便順利得多，不然，我們的任何努力都是白費。」

這種情形李君是深切了解的，他更對那些誣他不敢回去的謠言，異常憤恨，也希望以行動來粉碎它；所以馬上很慷慨地接受了這個任務，並且表示：「只要陳主任讓我講話，我一定披肝瀝膽，慷慨陳詞，上演一幕《申包胥哭秦庭》的活劇。」

當時大陸上正在推行「交心」運動，我們也戲稱這一行動是我們的「交心」。

於是我一面為他請求辦理台灣的出入境證，一面積極準備。同時這半年來我們的福利金也積有幾百元了，組裡的同仁向來都希望在這裡買些衣物，我以為我們的福利不妨也讓他們分享一些，準備提出三百原來，買些夏威夷衫、原子襪之類，給大家分用，表示我們香港同仁們的一點意思。

李君的入境證很快地發下來了，接著他又辦理「回港紙」，就在這時，陳主任突然派石遠良（我最初請求派他來接替楊錦煜的那位）來港視察我們的業務，我曉得這又是他玩的老把戲，和上次派我來香港視察接替李君一樣，只是一時弄不清楚他的目標，究竟是我還是李君而已。

石遠良君到了之後，我的滿肚子牢騷，找到了發洩的對象（因為他是代表六組，相信那時即令李副主任來，或竟是陳主任自己親來，我一樣會那樣做的），於是，把我和陳建中過去的一切情形和我到港後的所作所為，連那一幕我始終守口如瓶，未向任何人談過的「予打擊者以打擊」的趣劇，也毫不隱瞞地完全赤裸裸的吐露出來；他們聽了都非常驚訝，不但香港的同仁是聞所未聞，連一直在六組服務的石遠良君也是半字不知。我講述這段事的用意，是在間接告訴陳的走狗們：「不要向你的主子打『小報告』獻殷勤了，你們說我的壞話，相信不會超過你們主子身受的那樣厲害，假使你們有興趣，『小報告』儘管打吧，反正老子不在乎。」

當我敘述過去一切的時候，我對陳建中的確恨到了頂點，在憤怒之火熊熊燃燒之際，竟不加思索地說：「請你們告訴陳建中，如果他還要繼續迫害我，我會向香港政府請求政治庇護！」

這話的意思，一方面在使陳建中曉得事態嚴重，應該到此止步，不要再迫害我了；另一方面也表示了我的決心，誓死也不會向這種卑鄙的壓力和無恥的敗類低頭。不料他們竟以這句負氣話作為我蓄意叛變的證據了。然而欲加之罪，何患無詞？即令我當時不那樣說，陳建中還會放過我？歷史上最大的冤獄——岳武穆在風波亭的遭遇，還不是以「莫須有」的罪名定案的？我的被冤又有什麼稀奇？

最後我和石遠良君談到「交心」問題，他沉吟了一會，認為辦法倒不錯，只是人選不當，他告訴我，陳主任對李君的成見太深了，無論他講什麼話，陳都不會理睬，派他去擔任這個角色，無異「內包子打狗——有去無回」，那樣豈不弄巧成拙？他的意思，認為最好我自己回去一趟（我果真聽了他的建議，也一樣是有去無回，這本書根本不能和世人見面了），我提出了不能辦回港證的問題，他又猶疑了一陣然後說：「這樣吧！我再回去一趟，把這裡的真實情形報告給他，或許會有轉機。」

我相信這幾句話是他一時激於義憤，一種見義勇為的心理使他說出的，在當時確不是故唱高調，不過事後仔細一想，發覺這樣做完全違背上司的意旨可能代人受過時，不禁又猶豫起來。同時我也從他這幾句話裡，看清楚了他此行的任務，是取我和李君兩人中的任何一人而代之，決不是所謂「視察」。

由於石遠良君的那番表示，我們認為「交心」之舉已無必要，便打消了這個念頭，靜候石君的行止。

石遠良君的真正任務，果然不是視察，他到了之後，對於我們的業務問題一字不談，一天到晚在外面跑來跑去，凡是與我們工作有關係的地方，他都完全接觸到了，在他解釋這是私人拜訪性質，然而我曉得這是陳建中所授的錦囊妙計——掌握部隊，對於回台北替我們向陳建中「交心」的事卻再也一字不提了。我本來準備寫一封萬言書來代替「交心」之行的，但是因為過去幾封信措詞凌厲，弄得陳大主任大不開心，因而考慮到還是以不寫給他為妙。除他之外，究竟是寫給李副主任好呢？還是寫給黃紹祖、郭哲兩位總幹事好呢？一時也拿不定主意，同時因為這封信的內容，複雜萬端，決非三、兩千字所能說得透徹，自己性情既疏懶，情緒又欠佳，如此一拖，轉眼間半個月過去了，這時突然接到一個命令，內容大意是：李夷然同志調回台北，發薪至七月底止，遺缺由石遠良同志接充云云。

我接到這個命令，曉得陳建中一定要蠻幹到底，不把我的工作弄垮決不甘心，這紙命令等於敵人的〈哀的美頓書〉，我也清晰地看見那個卑鄙的敵人，已以明槍暗箭同時向我攻擊了。

陳建中的計劃可能是在看到我要派李夷然君回台北「交心」的時候，而決定將計就計，到時將李留在台北的，所以急急地派石遠良君先來「掌握部隊」，準備李君返台之後取而代之。他以為憑著石君的天時（有他支持）、地利（石是廣東人）、人和（石曾在這裡工作多年，人事極熟，三處有兩個幹部都是他的學生）種種優越條件，內外夾攻，不怕我不俯首就範——但他忘記了我們中原男兒向來「服理不服硬」，再加上他在我的眼中，早已成了一名卑鄙無恥的貪污犯，我怎會甘心受他那樣任意擺佈——後來看到李夷然君遲遲不返，又接到這裡走狗們的小報告，才知道我們已中止了「交心」之議，留李的計劃已不可能；於是使利用他的上級權力，發出調職命令，造成既成事實，使我無法違抗。從他一反常態改用明朗化的硬幹作風看來，大概他對於自己的貪污事件，業已有了妥善的佈置，或者已經買好「保險」，所以敢於對我正面打擊，不再有什麼顧忌了。

接著副主任李白虹先生另給我一封私函，內容是這樣的。

永平吾兄：

前奉大札，敬悉一是，因近來諸務蝟集，稽復為歉！兄對夷然兄調回總公司一事，曾暗示以去就力爭之意，聖恩先生當已詳加考慮。頃悉總公司為確立內外互調之人事制度，決仍以遠良兄在總公司之原職位與夷然兄對調，聖恩先生對夷然兄向極倚重，希渠不必有所遲疑；而兄之公而忘私，自覺應向聖恩先生陳述者已盡其言責，務

祈兄不再堅持原意，以免發生行政上之困難。弟深信遠良兄對商場業務熟悉，又能耐勞刻苦，必能對兄多所襄助也。匆此即頌

安好

弟虹上七月十七日

函中的聖恩先生是陳建中的美麗代名，真不愧是一頭披著羊皮的狼。

李白虹先生雖然有些婆婆媽媽氣，但不失其為好人，不過他的膽子奇小無比，是一位樹葉落下也怕打破頭的典型人物，對於我和陳建中之間的恩恩怨怨，最初是保持超然態度的，因為他是陳的副手，所以後來便也以陳的意見為意見，無形中成了助紂為虐了。這信當然是在陳授意之下寫的，因而同樣是滿紙謊言，沒有一句真話；譬如對於李君調台後的職務問題，命令中根本未提，還有，在我剛到時便請求把楊、石二人對調服務，如果認為石君在這裡適宜，為什麼不准？問題的焦點是楊錦煜恰是他特地派在這裡的一隻走狗，所以不准，假如當時我請求對調的人選是李而不是楊，還不是馬上同意？制度云乎哉？倚重云乎哉？

# 二十、如此作風

陳建中這一著，在我的工作計劃方面講，無疑地是一個致命的打擊，使我還想做出一些工作成績的夢想，完全歸於幻滅；在他的爪牙圍繞在我的四周，而他復以居高臨下不可抗的優勢裡應外合，在這樣內外夾擊的局面下，我再想有所作為，寧非痴人說夢？在環境方面講，我已走入水盡山窮的絕境了，然而我還不願意立刻翻臉，因而決定按照正常手續，透過港澳特派員辦公處向海統會請求挽留。

李夷然君的職務，是港澳特派員辦公處第三處的總幹事，按道理講，一個如此重要的人事調動，無論如何都非經過特派員同意不可的，然而眼高於頂的陳建中，自恃為太子旗下一等紅人，根本不把特派員放在眼裡，竟然狂妄到如此地步，把第三處仍舊看成他的直屬香港組而為所欲為；好在那位特派員先生，是一位老於世故的人，宦海浮沉已久，深諳「不得罪於巨室」的官場三昧，所以只是敢怒而不敢言，對於我的挽留公事，也只是不加任何意見的照轉而已。

我接到李君調回台北的命令之後，雖然萬分不快並設法挽留，但為了服從命令，仍然讓李、石二人辦了交接手續，同時也請李君照常上班，等待最後決定。我一也知道陳建中既然下了決心，要把我弄垮，哪能這樣容易挽回？也不過是「知其不可而為之」的聊盡人事罷了。

不久，「海統會」的答覆來了，說是曾經問過陳主任的意見，他不同意，挽留一節，應毋庸議。於是一個最能幹也是我們工作上最需要的人，就因為陳建中要把我弄垮，把他當作了我的羽翼，為我遭了「池魚」之殃！

此次石遠良君來港，除了準備接替我——如果可能的話我乃第一目標——或李君的職務外，另負有兩個特別任務：

第一個任務是要在港澳特派員辦公處之外，另起爐灶成立一個「政治小組」，這個組由陳建中指定五個人負責組織，由太子先生的駐港代表嚴靈峯先生主持，業務範圍也是心戰，政戰和文化宣傳——全部是我們第三處的業務。據石遠良君透露，這個組織最初擬議的時候，不但和特派員辦公處不發生一點關係，甚至連我也不許參加，並準備把我們第三處的經費，大部分撥歸該小組，只留下一小部分讓我們買買資料，也就是在我們這個「地下第三處」之外，另成立一個「地下的地下第三處」，使我們變成一個有名無實的傀儡。後來，因為我們的經費是特派員辦公處經費的一部分，六組既不能直接撥給該小組，該小組也無法向特派員辦公處領得這筆錢，同時也似乎感到我不會那樣容易受人欺負，而陳建中又不肯把每月剩餘的鉅額外匯拿出來，所以才把我也列進去，但仍不讓特派員知道，石遠良君的任務便是專為那個小組辦理一切事務。試問在編制之外另來一套組織，這算什麼作風？他們還有沒有半點組織觀念？

不料太子代表嚴靈峯先生來港之後，對這個小組首表反對，反對的原因，並不是因為不同意陳建中的胡作亂為，而是不肯以堂堂太子代表之尊，接受陳大主任的指揮而已。於是陳建中閉門自造的非法組織——政治小組，因太子駐港代表的反對而宣告胎死腹中。

石遠良君的第二個任務，是在香港民主人士集團中，建立內線關係。當時《聯合評論》正在積極籌備，中央對這個反共又反台的組織特別痛恨，調查局方面因為有內線關係，對於他們的一舉一動，隨時都有報告；而對於他們的每週座談會，因為那位內線王先生自己參加，所以每次開了會他便有詳細記錄報告上去。因而調查局在這一件事上，大出風頭。陳建中為了爭功邀寵，特別面諭石遠良君也和那位王先生祕密聯絡，務期也能在同一時間內拿到他們的記錄和其他有關資料，縱不能搶在調查局之先，至少也不能落在他們之後。所以石遠良君到港之後，首先就瞞著我祕密地和那位王先生接了頭，後來他要我每月津貼王先生若干作為報酬，我不同意。原來那位王先生在四、五年前已為我們工作並按月接受津貼了，後來因為發覺他和調查局也有關係，常玩「一稿兩投」的把戲，揭穿之後，經過兩個單位駐港負責人的會商，決定我們放棄，讓調查局單獨和他聯絡。

《聯合評論》籌組之初，我們為了充分利用各單位的情報就地籌商對策，所以由特派員定期約集二、三處長和調查局方面的負責人，交換情報，商討應付辦法，因而那些情報，我們同樣可以看到，只不過稍遲一、兩天罷了。我以為那些報告既由調查局報了上去，中央當然可以看到，我們何必再掠人之美重報一次？但陳建中則不這樣想，他因為自己在這方面遠落人後，認為大失面子——尤其在太子先生之前，所以無論如何也要把那位經過協議決定我們放棄的內線先生，再度偷偷地拉回來，試問這樣做除了滿足他個人的虛榮之外，於整個工作有什麼益處？我以為上面這樣的重複佈置，其目的在於各展所長，分工合作，並不希望大家一窩蜂似的集中一點，你爭我奪的搶著做，那樣，乾脆設立一個單位豈不省錢省事得多？所以我不主張再在該處建立內線，尤其不能再拉人家的人，同時那位先生需索頻繁，據調查局負責人說，此君除了每月固定一千元之外，至少還要幾百元的活動費，每月所耗總在一千五百元以上，試問我們這樣的窮單位如何負擔得起？石遠良君因為這是陳主任的特別指示，雖然我不同意，他依然遵命進行；但那位先生現實得很，因為我們出不起高價，所以送給我們的貨色，也多非全豹，而時間上也往往拖後幾天。不久，這事被調查局方面發覺了，質問我們為什麼這樣不守信義又來挖他們的人？如此一來，陳建中才死了這條心，不敢再投機取巧了。

陳建中莫明其妙的作風，並不只這些，記得當大陳還在國軍手上的時候，我們和西方公司——NACC的前身——在那裡設有心戰單位，經常自那裡派人進入大陸搜集情報。當時派進去的有一位王雲輝君，在杭州附近立住了腳，我們也接到過他輾轉送出的一些情報，後來因為大陳撤退而失掉聯絡。到了一九五六年下半年，忽然接到他自香港轉去的一封密函，雖然沒有什麼有價值的情報，但卻證明了他依然平安無事；同時，中二組也接到大陸上工作人員的報告，說六組派過去的王雲輝，因為失掉聯絡很久，又斷了接濟，現在和他們聯絡上了，請示處理辦法。二組根據這件報告，徵詢我們的意見，當時還是張主任負責，我便主張：「我們在大陸既無通訊設備，又無交通佈置，以這樣幼稚的密寫方法通訊，無異以生命作兒戲，二組在這方面一切都不成問題，為了國家利益，我們應該把王雲輝移給二組接管，何況他們現在已經有了聯絡。」

這個建議張主任採納了，但他恰在此時離開了六組。陳建中接事之後，把第三室主管心戰的總幹事黎世芬君派往泰國（事實上是太子先生所派），調郭哲到三室負責，郭總幹事見了這案，如獲至寶，主張不移給二組，仍舊控制在我們手上，要他蒐集心戰情報，並試叫他在那裡作些心戰活動。李副主任和陳主任都非常贊成這個意見，認為不妨一試。我看到之後，頗為不滿；本來經過主任、副主任和主管業務的總幹事一致決定的案子，身為秘書的人，如果稍微識趣一點，無論如何也不會堅持己見出而反對的；然而我這個只論是非不計利害的大傻瓜卻不理那些，提起筆來又在那公事上簽了很多意見，除了上次的理由外，特別強調我們要重視國家利益，我說：「國家利益應在我們本位利益之上，王雲輝在二組手上，可以利用電台通訊，可以由交通人員接濟和傳遞消息，可以納入組織發揮他本身所具有的最高效果；而在我們手上則是一著死棋。現在敵後派遣如此困難，二組也是我們中央黨部單位之一，多一個人參加活動，便可以多發生一分力量，現在我們竟要霸住不放，讓他凍結起來，這是不是國家的損失?另一方面一個工作同志,冒死進入敵區,我們對於他的安全問題,應當隨時替他顧慮周到,像那種幼稚的密寫方法,在共黨嚴密檢查之下,能夠平安寄出,已是萬分僥倖,這種僥倖可一而不可再,他們對於寄進大陸的信檢查更嚴,說不定我們的指示一去,馬上會變成他的一道催命符,這不是我們對待一個工作同志應有的態度,我們更不應該拿一個工作同志的性命作試驗品。」

李副主任看了我的簽,馬上表示應該把王雲輝交給二組,並向我解釋他對這類事情不大清楚,陳主任看見這樣,也不得不接受我的意見。我不曉得李副主任內心的感覺,是否和他表現的一樣,但我確知陳主任和郭總幹事對於我竟然膽敢把他們推翻我的意見而再去推翻,是頗為不快的。

一年以前,看見此間共報上登載王雲輝君犧牲的消息,心裡頗覺悵然!也正因為他已經犧牲了,所以我才敢公開談論這段往事,否則絕對不會在這裡提起的。

無可否認的,陳建中在得到太子先生的賞識以後,為了要好心切,所以急於表現,這並不是一件壞事,相反的倒是推動工作的一種有效力量;但如果為了「要好」而竟不擇手段地亂來一通,那便不敢恭維了。古人說:「有所不為而後可以有為」便是這個意思,但這些道理是不足為陳大主任道的。

陳建中是欺騙、浮誇,作偽的天才,例如:專門應付某些人主持的會議也,專做表面工作也,拉別人的內線也,任用私人排斥異己也,專看主子的眼色行事也,以副主任作釣餌也，以調訓、視察、開會掩護其炒人魷魚也，種種事例，不一而足。在我來港之前，他曾特別囑咐我：「作報告不可太老實。」

我雖然知道他的意思是希望我對於有利的事，不妨以少報多，以小報大地加以誇張，但我始終沒有照他的意思做；大概由於民族遺傳的關係吧？我們的祖先們為了「揠苗助長」和「守株待兔」這些蠢事，成了歷史上最有名的愚人，所以數千年後，我血液裡的「愚蠢」遺傳，絲毫沒有消失，還只曉得「老灶爺上天——有什麼說什麼」；我想聰明的陳主任，一定會為我這塊不可雕的「朽木」而搖頭嘆息的。

陳建中對於香港報刊上的論戰文章，是有特別興趣的，例如辯論〈不合作運動〉、〈各行其是〉，以及駁斥《自由中國》半月刊的〈反攻無望論〉之類的文章，我們最初剪兩份寄去，繼而增到四份，不料四份他還嫌不夠，又加到五份；我以為香港的各種報紙，（包括左報）那裡應有盡有，兩份足夠用了，何必要那麼許多？殊使人大惑不解。後來仔細替他算算，也的確需要那麼多，他的分配大概是：「老先生」一份，太子先生一份，中央黨部秘書長一份，第四室存卷一份，他自己為了隨時向人誇耀他的工作成績在案頭擺一份，因此便非五份不夠用。這類文章，除了在香港換回稿費之外，居然在台北還有這些「偉大」用途，似乎這是作者們做夢也想不到的吧！

# 二十一、一面倒的說客

我雖然忍氣吞聲地忍受了陳建中的擺弄，但也老實不客氣地對他發動了一次「心戰攻勢」，向圈內的人盛贊他的「刮龍」技術，不久，陳建中的貪污醜史，成了大家聚會時最具刺激性與趣味性的談話題目。這些情形傳到台北之後，陳建中立刻派他的親信幹部第三室總幹事郭哲，繼石遠良視察工作不了了之後，又駕臨香港作三個月之內的第二次視察。

郭總幹事這次來港視察，和前兩次我和石遠良君之任務又有不同，那兩次是藉視察煙幕的掩護來炒李夷然君的　魚，這次則是以視察為名向我做「遊說」工作，希望我無條件投降——自動辭職。

我和郭哲因為同是「軍統局」的工作人員，所以在大陸時便已認識，來台之後，他從毛森的駐台辦事處派到石牌訓練班，在我主持的訓導組裡作訓導員，一九五三年，我們一同隨著業務轉到中六組，姚秉凡因為和他吵架，被張主任記了一過，以為是我袒護郭哲，因而把我恨到死。我們的住處，又是共同搞的違章建築，兩家望衡對宇，表面看來，彼此感情似乎不錯，所以陳建中派他來，希望以他和我的私人關係，憑他的三寸不爛之舌，把我說服，向他無條件投降。

郭哲確是一位絕頂聰明的人，年齡雖比我小幾歲，然而他的世故之深，應付手腕之靈活，以及察言觀色，見風使舵之老到，一切都高出我萬倍不止；缺點是過於趨炎附勢，轉眼無情。給我印象最深的：有一次香港一位工作同志，隨著大批影星回台北參加總統就職典禮，這位同志到來看我，恰巧郭哲也正自我的房中出去，兩人迎面碰上，郭哲馬上一轉臉裝作相見不相識的樣子，迅速走開，那位同志目送他的背影連連自言自語地說：「這不是郭哲嗎？這不郭哲嗎？」我問他：「你們是不是認識？」他氣憤憤地回答：「怎麼不認識？還同在一起作過事呢。」後來我才曉得，從前在西安時，郭哲曾在那位同志手下作過一名小職員，現在因為怕他翻出舊帳，露出底牌，因而硬來一個「尹邢避面」，佯作不識而躲了開去。其實「英雄不怕出身低」，「登高必自卑」，人人都是從低級作起的，職位大小又有什麼關係？從那時起，我對郭哲便有了新的估價。

張主任時期，郭哲和陳建中的關係，表面上不如我和陳密切，其實骨子裡他們最為親近，不過因為陳利用我之處太多，所以使許多人發生錯覺罷了。他們是陝西同鄉，郭又善於迎合上司心理，陳上台之後，便把他倚為心腹，他也更加忠心耿耿，感恩圖報。

記得那次我揚言要檢舉陳建中貪污的時候，郭哲從中調解，便完全站在陳的立場講話，當我告訴他陳的貪污事實時，他竟出人意外地輕鬆地說：「一個主任每月剩個十萬八萬台幣，又算什麼？」天啊！每月貪污十萬八萬還不算什麼，這真是陳建中的忠實幹部，怪不得那樣信任他。由此也可看出自由中國貪污之風熾烈到什麼程度，因而弄得人心麻木，視貪污為當然。寫到這裡，不禁要為中國前途一哭！

郭哲到了之後，為了談話方便，我讓他住在我們的宿舍裡，第一次談話便惹起我的極大反感，他居然向我大打起官腔來，並且處處站在陳建中的立場，派了我許多不是，最後露出了狐狸尾巴，要我自動辭職，他們給我另外安排工作，並且表示這是我的最後機會，以後不會再有人和我商談了。我勉強忍住滿腔怒火告訴他說：「多謝你的一番美意，在這樣的熱天，冒著風險為我辛苦了一趟，在私人方面我是感激你的，不過如果你以為我會聽從你的勸告自動辭職，那便完全錯了，我在這裡八、九個月，在工作方面曾得到六、七次嘉獎，從沒有受到過半次指摘，我自己相信也沒有做過什麼對不起組織的事，一個任期還不到，為什麼要辭職？至於我和陳建中之間的恩怨，那是私人問題，他既然接二連三地打擊我，難道我宣傳一下他的貪污真象也算犯法不成？我這個處長職位，並不是陳家的私產，為什麼接受他這種無理要求？現在他是上級，大權在握，隨時都可以把我撤免，我也在隨時準備著，要我自動辭職，等於逼著一個他所討厭的人走上自殺之路，既可以遂了他的心願，又可以避免擔上殺人的罪名，天下會有這樣便宜的事？我和陳建中的事情，譬如打牌，約定了每人一百元打八圈，不料第一圈我便被陳建中贏光了，但這不能算數，真正的勝負要在最後一牌才能決定；現在我已經無錢可輸了，贏回一文便多得一文，在終局以前誰也無法讓我離開牌桌的，我一定陪陳建中打到最後一牌，決不中途退出！」

我們談到深夜，爭論得面紅耳赤，依然得不到結果。此後幾天，他都是白天在外面跑，而陪伴他的則是陳建中的忠實走狗楊錦煜和他的密友許健，從不和我一同外出，從這些跡象看來，我對郭哲此行便得到一個頗為正確的結論：「黃鼠狼向雞拜年——不懷好意」。

每天當他自外邊回來之後，我們便繼續商談，但因為他一定要我「自動繳械」，我則堅持「抵抗到底」（這是指對陳個人而言不是對組織或公事），雙方意見距離過遠，談了幾次，依然毫無進展。

在郭哲離港之前，我向他表示：只要陳建中不再迫害我，我決不會先找他的麻煩的。這是郭哲來港遊說一趟的唯一收獲，在十月上旬，他便回台覆命了。

郭哲回去之後，陳建中對我的壓迫，不但不見改善，反而愈來愈烈，我們的經費匯條，向來是直接寄給我的，不料自那時起，忽然改寄給石遠良君了，第一次我還未注意，認為偶一為之也許是承辦人弄錯了，但後來月月如此，我才曉得又是陳建中玩的新花樣，想在經濟方面封鎖我；這是極為毒辣的一著，必須預作準備。

我每月只有九百元的收入，除了台北家用的伙食之外，剩下的僅夠日常花費和偶爾添置衣物之用而已，所以雖然幹了十幾個月，仍無積蓄可言，為了應付非常，非先籌一筆「私人準備金」不可。

說來慚愧，我雖然在特務圈子裡混了二十多年，因為算盤不精，生財無術，對於所謂「國難財」、「劫收財」之類，一文也未看到過，只曉得自食其力，靠薪水吃飯，所以混了大半輩子，依然「兩袖清風」。幸而靠了妻的兩部稿費——《春蠶》和《愛與罪》——才勉強搭蓋了一幢違章建築，由於當時《愛與罪》的稿費還沒有拿到，所以只能因陋就簡地使用雜木。那幢房子是一九五四年五月造成的，雜木的壽命最短，在我來港之前，便發現埋在土中的木柱已經開始腐爛了，加上台北的颱風多而又大，萬一碰上一次，不幸吹毀，不僅全部資產——那是我們的唯一資產——化為灰燼，對於家人的安全問題威脅尤大。因此，我通知家裡趕快登報出售。

房子很快賣掉了，然而款子怎樣兌來呢？買美鈔吧？沒有可靠的人幫我們帶，而且有被查出沒收的危險（影星穆虹曾領教過一次）；買匯票吧？吃虧太大——記得中央黨部有一次偷賣外匯，被保安司令部查出了，當時黑市價格是美鈔一元換台幣三十五元，但不知什麼緣故，匯票賣給商人竟能得到一對七十的比率，恰為黑市價格的一倍，不過那次中央黨部僅得到六十五元，其餘五元為中間人所得——最好的辦法是請六組撥來，然而那豈不是不折不扣的「與虎謀皮」？

湊巧當時香港自由影人在國慶日勞動一次捐款勞軍，捐了三千八百多元，交給我們代轉，我覺得這是一個好機會，只要在台北如數買成美鈔——港幣不易買到——交給軍人之友總社，便達成我的撥款目的了；於是我以私人資格託六組管理外匯的人代我辦理，大概由於陳的授意，那位先生遲遲不辦，我為防陳建中藉故陷害，又通知家裡照樣辦理。

不曉得什麼原因，軍友總社要收用港幣官價折成的台幣，官價是較黑市略低些的，計算下來，照額繳足之後，還可剩餘港幣五百餘元。我為了表示未在其中揩油，又把所餘的五百三十三元二角港幣退給王元龍先生。

這樣一來，陳建中以為這次終於捉到我的弱點了，聲言我犯了套匯罪行，在勞軍捐款中取利，並且派人向我的家人暗示，只要我肯向他低頭，便對此事不再追究。這真是活見鬼！我犯了什麼套匯罪行？我在勞軍捐款中取了什麼利？這是陳建中的「小人之恥獨為小人」那種卑鄙心理在作祟，他以為我也成了他的同道，再也沒有資格罵他貪污了，真是可笑之至。由此證明，那位會計先生之不肯替我代交，完全是陳建中的設局陷害手法，假使再拖延一個時期，他一定會誣我以「吞沒勞軍捐款」的罪名的，用心之卑鄙狠毒，於此可見。

# 二十二、爾虞我詐的「冷戰」

記得似乎是秦將王翦的故事吧？王翦奉命領了傾國之兵，遠征楚國，一路上給秦王的報告，不談別的，只向秦王「苦窮」，要求秦王為他置產；有人問他：「你這樣向秦王一再要求良田美宅，外人看來，會不會嫌你太貪呢？」王翦告訴他說：「這次秦王把全國精兵差不多全部交給我了，這等於秦國的命運也掌握在我的手中，在這種情況之下，如果有人進讒，是很容易招來猜忌的；我之所以屢屢要求為我置產，正是表示我忠貞不二的最好辦法，難道我真是這樣貪得無饜嗎？」

後來，秦王果然對他深信不疑，因而他能一戰成功，把楚國滅掉。我之於國民黨，雖和王翦之於秦國不能相提並論，但我們的處境則頗為相似，在這種情形之下，來一個「反其道而行之」的賣宅撥款，縱然彼此相信，也不相宜，何況我和陳建中之間已勢同水火？這種道理我並非不知，所以事前也曾對此事再三考慮，最後所以終於如此決定者，第一、因為到那時止，陳建中對於我的忠貞（指對國民黨而言）程度，依然沒有懷疑，否則他不會派我來港，也不會在來港之後再那樣的對我打擊；他的估計，認為我在走頭無路之時，一定會向他低頭，自動辭職，所以不管我忠貞到什麼程度，他都照樣視若無睹，照樣對我打擊，所以表示忠貞那一套，對他不發生作用。第二、我們那座房子，的確已到了危險邊緣，我不能把全家的生命安全，看得比我的事業還重要。第三、我擔心將來的生活威脅，而自由影人的捐款是我唯一的撥兌機會。

果然，款子一撥，立刻引起了陳建中的疑心——不，正確一點應該說是給他一個最好藉口，在十一月中旬，我接到一個命令，說是國家安全局為了針對當前形勢，研討我們今後的工作方向和方法，要和香港、日本兩地的負責同志詳細研究，要我立刻動身回台，至於入境手續可以到了以後補辦。

我看了這個命令，笑對同事們說：「陳建中已張好天羅地網了，你們看，我應不應該去鑽呢？」

他們也看得出這是一個圈套，但卻昧起良心說：「不會是假的，怎能不去？」我沒有再說下去，但我是「瞎子吃湯圓——肚裡有數」。

陳建中這個調虎離山計，做得太幼稚了，我的家鄉雖然是歷史上產生愚人最著名的地方，但也不致於「愚」到連這樣一個騙局也看不出來，最明顯的漏洞是：

第一、國家安全局雖然是最高的特務機關，也在實際上領導著中二組和中六組，但那都是祕密進行的，從沒有敢於公開出面以上司的地位自居過，這次破例出面，於理不合。

第二，這事的性質，屬於海外工作業務範圍，海外統一工作指導委員會成立之後，國家安全局僅是其中委員之一，而這個會的性質，正是「海統會」的業務，如果真的開會，應該由「海統會」主持，我們這裡當然是特派員參加，現在「海統會」和特派員都毫無所知，其為假冒無疑。

第三、退一萬步講，這次真是由國家安全局召集的，然而它的直屬單位——情報局和調查局都不參加，尤其不近情理，若說由我們第二處代表吧？事實上二處所能做到的僅是和他們聯絡而已，像這樣重大問題如何代表得了？假使可以代表，那麼讓我們的特派員去豈不更乾脆？何必要我們兩個處長一起去？

第四、如果是真的，為什麼不讓中二組派代表去？他們和國家安全局的業務，較我們更為密切。

第五、第二處謝處長半月之前即已準備回台了，但那是應情報局之召，和此事無關，因為等入境證，所以還未動身；何以他必須要入境證而我可以不要？我的面子為什麼這次竟特別大？我曉得事實上一個旅客如果沒有台灣入境證拿在手上，航空公司和輪船公司是不會賣票給他的，因為台灣方面規定：飛機輪船如果搭載沒有入境證的客人赴台，除了不准入境原機船載回之外，還要對該公司科以重罰，所以這些公司誰也不敢輕於嘗試，除非事前接到台灣方面的先行購票通知，公司方面才敢賣票。然而他們並沒有替我辦理這些手續。大概他們對於這事太緊張了，滿心以為只要能把我哄上機船，便認為大功告成百無禁忌了，然而「你有千條計，我有老主意」，正如古詩說的：「南山有鳥，北山張羅，鳥自高飛，羅當奈何」？我才不會自投羅網呢！

雖然明明看出是個陷阱，但因為他是以正式命令發出的，如果拒絕不去，「抗命」的罪名，馬上便會落在我的頭上，為了避免這個罪名並達到我不去的目的，等二天我便覆了一個報告，大意說：這次召我開會，本應立刻回來，因為我的血壓最近又高了起來（原有此症），受不了飛機、輪船的顛簸，準備派總幹事石遠良君代表出席──同時這也是他主管的業務，請予批准，並請通知航空公司允許石君先行購票。

報告上去之後，過了一個星期才得到批准的答覆，我曉得他們這個批覆，是在啼笑皆非的情況之下決定的，本來一切計劃、佈置都是以我為對象，不料被我看出破綻，卻派一個他們不需要的人回來，接受我的要求嗎？何必多此一舉？不答應嗎？又找不出批駁的理由，尤其那樣做更為露骨，豈非迫虎跳牆？比較之下，覺得還是答應我的要求為妙，同時也可以再和石遠良君澈底研究一下下一步對付我的整套辦法，再慢慢收拾我。所以終於批准了我那派代表參加的要求，這叫做「魚網之設，鴻則罹之」，魚兒不上鈎，又有什麼辦法呢？

這時已是一九五八年十一月下旬，距離我一年的任期──十二月一日，只有幾天的時間，我覺得必須準備轉移陣地了，到了下個月，即令我不自動辭職，陳建中也有充分的理由派他的親信來「瓜代」我的（和蔣經國更換國軍將領一樣）。不過如果一聲不響地悄悄退卻，未免太助長惡人的氣燄，也太便宜了這個可惡的敵人，況且那時我對國民黨已有絕望之感，不過因為過去二十多年為它效死拚命，在感情上一時還不忍和它斷絕關係，同時還以為這些無恥勾當，都是陳建中一手攬出來的，那些袞袞諸公也許依然被裝在葫蘆裡；這樣一想，認為更不應該為了陳建中一人而遷怒全黨。於是便決定把他的貪污真象，向中央祕密檢舉，其作用：一為試探國民黨當局究竟還有沒有一點所謂「革命精神」（因為直到現在他們依然自詡為革命民主政黨，許多大人先生們在講話時也是張口革命長，閉口革命短）和是非觀念？二為陳建中一年多來對我無數次的惡毒打擊，我都逆來順受，沒有還手，這次既然決心「摜紗帽」還有什麼顧忌？這一響起身砲算是對他的「回敬」好了。

檢舉陳建中貪污的決心既定，我便一面催促石遠良君趕快準備一切，一面自己連夜趕寫檢舉書，奇怪得很，石遠良君對於回台一事，始終好整以暇，毫不放在心上，大概另外接有陳的特別指示之故。

我於兩個晚上，把十幾份檢舉書趕寫竣事，為了預防被人截扣，因而以不同路線同時向不同對象分別發出，有的並派專人傳送，最後又透過港澳特派員辦公處依正式手續轉呈「海統會」一份，以迅雷不及掩耳的速度，齊頭並進的手法，集中一點而轟擊之，滿以為縱令不能把目標完全摧毀，也一定會使他大受損傷，沒想到太子先生竟會悍然不顧一切地隻手遮天把陳建中包庇起來。

# 二十三、檢舉陳建中貪污書

下面是我檢舉中國國民黨中央委員兼第六組主任陳建中貪污案的全文：

一、自共「匪」竊據大陸政府遷台以來，我　中央在
總裁英明領導下，無時不在兢兢業業從事反共復國準備工作，去年八月為加強海外對「匪」鬥爭力量，更有海外統一工作指導委員會之組織，並於香港設置港澳特派員辦公處，以期集中所有人力物力打擊敵人。惟以此間任務繁重，財力不足，即以本處而論，主管業務為：政戰、心戰、文化宣傳及資料蒐集四大項目，而每月經費可用於工作者，尚不足五千元。以此微弱力量，而與人力物力均佔壓倒優勢之共「匪」相角逐，困難之情，當可概見。

二、查中央經費籌措不易，尤以外匯為然，倘能涓滴歸公，善為應用，亦能發揮一定效果。據職所知，我中央最高領導機關之負責人，竟有利令智昏，吞蝕鉅額外匯自肥，而置黨國艱危於不顧者，其人即為第六組陳主任建中先生。茲為便於明

瞭，特將其到職後所有外匯收支實況，詳列如下：

**甲、收入部分**

（一）港幣　每月三〇四〇〇元，自四十六年元月起，至四十七年十一月止，共二十三個月（下同），計收入港幣六九九二〇〇元。

（二）美金　每月二三〇〇元，二十三個月計收入美金五二九〇〇元。

**乙、支出部分**

（一）港幣

香港　四十六年一、二兩月份各為二一〇〇〇元，三月份一八〇〇〇元，四至七月份均為一六〇〇〇元，四十六年八月至四十七年十一月，十六個月均為一八〇〇〇元。以上二十三個月共支港幣四一二〇〇〇元，除代大陸廣播部四十六年元月至四十七年元月，十三個月搜集資料費四五五〇元（每月三五〇元）已由該部交還六組應予扣除外，實支港幣四〇七四五〇元。

越南　每月港幣二一〇〇元，二十三個月共支港幣四八三〇〇元。

以上兩項，共支港幣四五五七五〇元。

（二）美金

韓國　每月美金四三〇元，二十三個月計九八九〇元。

日本　每月美金三二〇元，廿三個月計七三六〇元。

泰國　四十六年三月份發黎世芬同志裝旅費美金三〇〇元，同年四月至四十七年十一月，共二十個月，原定每月經費六五〇元（內黎同志生活費三〇〇元，工作費一五〇元，人事費二〇〇元），由安全局負擔三〇〇元，六組負擔三五〇元（三組經費在外）嗣因黎同志未另用人（後雖用人但由三組負擔），該二〇〇元之人事費，均由六組扣回，實際上除安全局每月負擔三〇〇元外，六組僅負擔一五〇元。

以上共計美金三三〇〇元。

以上三項共支美金二〇五五〇〇元。

丙、剩餘部分

（一）甲乙兩項除支尚餘港幣二四三四五〇元。

（二）甲乙兩項除支尚餘美金三二三五〇元。為便於計算折合港幣（按當時五元八角計）一八七六三〇元。

以上兩項共剩餘港幣四十三萬一千零八十元。

丁、其他用途

（一）六組經費台幣部分向不敷用，每月平均約超支四萬餘元（約合港幣七千元聞諸承辦同志），四十六年一至六月彌補超支，約需港幣四萬元。

（二）四十六年度（會計年度）起，六組全年增加心戰經費台幣八十萬元，其中半數可完全用於彌補超支，另半數預算規定用於空投，惟傳單印製百分之九十以上，均係 NACC 負責，而各縣級黨部又有大量捐贈，該款亦可不必動用，如此，則台幣部分，不僅不再超支且有剩餘。退一步言，即令該款（約四十萬元可查預算）完全用於空投，除以另半數（約四十萬元）挹注外，縱有超支，每月亦不會多於台幣二萬元（約合港幣三千元），四十六年七月至四十七年十一月，十七個月約需港幣五萬元。

（三）海外差旅等費及其他臨時補助（如補助××雜誌及×××等）二十三個月，約需港幣四萬餘元。

以上三項約需支出港幣十三萬餘元，照丙項餘額計算，仍可淨餘港幣三十萬元左右。

三、根據上列數字核算，六組外匯應有港幣三十萬元左右入於陳主任私囊，以陳主任平日表現之謙和（且自命為虔誠之基督教徒），設非親睹有此事實，即職亦難以置信。猶憶當其接事之時，首即宣佈經費公開，其實一切帳目，均其親自處理，職在其任內擔任秘書九個月，經費部分雖為職主管業務，但以其絕對保密關係，始終不得與聞（各地經費數目，見諸公文，無法祕密）。此外，為便於舞弊，特將大陸廣播部魯承吉同志，擅自調兼六組會計（中央黨部無案），又委託香港商人陳儀華（又名陳精儀，廣東梅縣人，香港乍畏街九二號三樓裕和源經理）為其經營外匯（本處經費均自陳處提取），內外串通，上下其手。尤可鄙者，香港以環境特殊，凡停用人員，必發遣散費若干，各單位均係如此，甚少例外。本處一年來停用七、八人，陳主任均分文不發，置同志安全於不顧，其中李開元同志因服務有年，不得不發，但又吝於解囊，最後竟妙想天開，大慷他人之慨，令在大陸災胞救濟總會存本處軍校同學聯誼會專款項下，支付一千二百元（伍揚同志一千二百元遣散費最後亦在該款內支付），似此行為，不啻吞蝕「救總」存款，寡廉鮮恥，曠世無儔。

四、查中央委員會為本黨最高領導機關，乃總裁親自主持者，六組之對「匪」鬥爭工作，又直接關係反共復國大業之成敗，陳主任身為中央大員，肩負對敵鬥爭重責，數年以來，屢蒙最高領袖不次擢遷，得有今日地位，如尚稍具良知，應如何鞠躬盡瘁，以報黨國？乃竟利慾薰心，不惜將對「匪」鬥爭之寶貴外匯，大量侵吞，此種行為，不僅直接削弱與「匪」作戰力量間接助敵，若被海內外或友邦人士聞知，勢必威望全失，置本黨面目於何地？後果嚴重，不堪設想，職因洞悉其中黑幕，曾於四十六年七月二十三日予以警告，並擬向中央舉發，旋以被迫來港，未能實現（派港原因亦在此）。竊以此事關係重大，既已知情，義無隱諱，用敢不避「以下犯上」之惡名，兼冒前途毀滅之危險，以「入地獄」之精神上瀆鈞聽，敬懇以黨國前途為重，打破情面，澈底根究，並請自下列各項著手：

（一）由中央有關單位推派高級同志，組織清查小組，負責徹查。

（二）由清查小組將六組所有外匯支付單據、文卷逐一審查，尤須注意原案簽辦情形，不可只憑手條，以防偽造（無論建立組織，任用人員、出差視察，臨時補助，均有承辦同志逐級簽辦原件，不易偽造）

（三）將承辦外匯同志，隔離詳訊，並密詢與海外業務有關主管同志，以資參證。

（四）對其飾詞狡辯，請勿輕於置信（渠輕職警告後，可能有所準備，應請認真根查，切勿信其片面解釋，對卷中無案者不予採信）。

五、以上所陳，均係根據事實（四十六年九月以前者，職均目睹，近一年來，雖未在內工作，但據各地負責同志表示，經費數目均無變更），絕無虛捏，務懇迅賜徹查究辦，以肅綱紀！並將追還贓款，撥存聯戰費項下備用，另將六組每月所餘外匯（連美金約有港幣一萬八千餘元），少數用於加強海外各地工作，以符中央編訂預算原意，俾能確實達成「工作計劃」各項任務，黨國幸甚！大陸同胞幸甚！

臨呈不勝悚惶待命之至！

我的第一封檢舉書是於一九五八年十一月二十五日發出的，那是給蔣經國先生的一份，請中二組主任兼國家安全局局長鄭介民先生轉呈的。因為他是「自由中國」特務工作的最高負責人，而陳建中又是他一手提拔起來的新寵，向他檢舉應該是沒有錯的，然而也就為了陳建中是他一手提拔起來的關係，生怕他再一手把他包庇起來，那麼，這個檢舉案豈不等於「泥牛入海」？為了預防有此一著，所以接著我又向蔣總裁、陳副總裁、「海統會」和紀律委員會（這是中央黨部唯一的監察機關，其性質等於從前的監察委員會）各發一份，使他沒法壓置不理。

# 二十四、豪奴的嘴臉

一九五八年十二月十二日，太子代表嚴靈峯先生約我晚上在九龍車厘哥夫見面，我曉得這一定是「那話兒」來了，見了面他讓我看一封信，這封信是中六組副主任李白虹先生寫給他的，大意說：香港分公司經理孫某對本公司陳總經理誤會甚深，奉董事長（指蔣經國先生）面諭予以調整，請和孫某一談，並徵詢其意見願做何種工作，再行設法。我看了之後對他說：「我對於這個第三處處長的職位，決不留戀，事實上也是陳建中迫著我幹的，不過要我在這個時候離開，我認為是毫無道理的；因為在這樁檢舉案中，我是原告，陳建中是被告，案子還沒有經過調查，焉能曉得真假？如果我的檢舉都是事實，那麼，陳建中應該先我而滾蛋，現在未經調查就叫我離開，明明是給我一種處分，請問這是根據什麼法律？這豈不和《打漁殺家》中的情形一樣嗎？難道我們這革命政黨和革命團體（特務圈子裡自稱為革命團體），竟也這樣暗無天日蠻不講理和那貪官一樣？」

「這事當然會調查的，不過那是以後的事，這類事情拖個一年半載，還不是家常便飯？你和陳建中兩個是長官部下關係，現在發生了這件事，叫他怎麼指揮你？下級和上級鬧意見，吃虧的永遠是下級，你還會不知道？陳建中這次是成功了，至少是運用成功。」嚴靈峯得意洋洋地稱讚陳建中的手腕高明。

「下級和上級鬧意見，吃虧永遠是下級，只有不講是非的官僚集團才有這種怪現象。如果說他沒臉指揮我，只能怪他自己為什麼作出這種見不得人的醜事？在未調查清楚之前，陳建中至少是個嫌疑犯，停職、免職的處分，都應該屬於他，為什麼反而加到原告身上？」

嚴靈峯這時又把已經收起的信：自口袋中取出，指著奉董事長面諭一段說：「我是傳達蔣先生的命令的，你在檢舉書裡不是說願意入地獄嗎？現在並不讓你入地獄，只是叫你為蔣先生受點委曲而已，你有什麼話講？你說陳建中貪污，從前張炳華、唐乃建在六組的時候，還不是一樣？你跟張炳華很久，為什麼不檢舉他，而單單檢舉陳建中，這是什麼道理？」

太子代表果然搬出他的主子來壓我了，並且又別有用心地拉到張、唐兩位先生身上去。原來陳建中為了轉移大家注意，減低事件的嚴重性，對人宣稱這是「軍統」打擊「中統」的有計劃行動，中央電影公司總經理李葉先生和中二組副主任葉翔之先生都是幕後支持我的人物。同時，並企圖把事件擴大，聲言他對外匯的處理方式，和前兩任唐、張兩位主任並無不同，言外之意，要清查就要從唐任查起，使大家覺得事態嚴重而不敢追究，於是陳建中得其所哉。現在嚴靈峯也把唐、張兩位拉上，便是受了他的影響。我聽了便駁他說：「你這些話陳建中在一年以前已經向我說過了，我當時曾駁斥他，『這是實質問題，不是方式問題』，以香港為例，張任時的經費，是每月二萬一千元，到了陳建中手上，馬上便減為一萬六千元，試問省出的五千元哪裡去了？台幣部分，陳任每年又比張任增加八十萬元，這怎能相提並論？至於你說蔣先生的意思要我離開，我當然只有服從；為了檢舉貪污而受處分，無論是調職、免職、甚至撤職，我都認為是我的無上光榮，可恥的卻屬於另一方面。請你告訴他們好了，我會遵命移交的。不過你今天代表蔣先生傳達的命令不能算數，我是海統會派來的，要我離開也必須有海統會的正式命令，通知特派員辦公處，才合手續，但是我的原告資格仍要保留。你說陳建中成功了，我卻認為這場官司還未打到底。至於我的出處問題，無論如何，這碗特務飯是決不再吃了，請他們不必多費心。」

究竟嚴靈峯是何許人也，這樣一個重要人物也該介紹一下：他是福建人，莫斯科中山大學畢業，和太子先生有同學之誼，所以頗得他的信任。他似乎是共產黨的托派，回國之後，轉入「軍統」，作過福建站長（一省的特務負責人）。一九五一年奉太子之命，派往日本東京，當時各情報機關的駐日單位，多而且亂，常常互相傾軋，他的任務便是做的協調、監督工作。不知是什麼原因，他的任務和各單位的組織情形，不久被日共曉得了，在他們的《赤旗》刊物上源源本本地把它揭載出來，按說：這只能怪他自己保密工夫做得不夠，所以才會洩露給對方，然而這位先生一向夜郎自大，眼高於頂，不但不承認自己工作失敗，反而誣陷無辜，諉過於人。當時在東京的我方負責人物，除嚴靈峯外，還有一位蔡孟堅先生，他是台灣省保安司令部副司令彭孟緝先生所派，到東京既久，後台也不算弱，俗言「一個槽上栓不下兩隻叫驢」，現在兩隻叫驢竟然栓在一起，當然要你踢我咬，各自逞雄。因此兩人同槽異趣，積不相能。嚴懷疑《赤旗》能得到如此機密消息，一定是內奸供給的，以為這是蔡君打擊他的陰謀；然而既無證據，對蔡君又莫敢奈何，於是退而求其次，轉而打擊蔡的幹部吳文華君和另一位在日與共黨鬥爭有年的青年華僑孫德成君，向太子先生報告吳、孫二人有洩露機密於敵人的最大嫌疑，吳、孫二人都是中六組的工作人員，於是太子又命令中六組把他們兩人同時調回台北，到台之後，不問青紅皂白，立刻把吳文華關入保安司令部拘留所，一連禁閉三個多月，審訊了許多次，始終找不出可以入吳於罪的證據來；由於中六組的一再交涉，吳君終於獲得有限度的自由——雖然釋出，但不能再回東京。孫德成君三番五次，都幾乎步了吳君後塵，幸而僑委會和中三組再三力爭，才得倖免於難。但中六組的在日工作卻因此垮台，張主任雖然滿肚子不高興，因為太子的關係，也只有啞子吃黃連——有苦說不出，而嚴靈峯對張主任不滿也種因於此（事實上大錯係他自己一手鑄成，他如稍有良知，應該羞愧懺悔之不暇，哪裡再敢怨恨別人），吳文華君和孫德成君卻無緣無故地做了嚴、蔡鬥法下的犧牲品，真可謂「城門失火，殃及池魚」了！

嚴靈峯雖然使出「以鄰為壑」的卑鄙手段，想把他的工作失敗責任，推給別人，但依然沒有發生預期效果，終於自日本鎩羽而歸，回台後，派為國家安全局辦公廳主任，到差不久，又為了自大狂的關係，和一位地位與他不相上下的李先生因事爭吵，繼而在辦公廳裡大打出手，太子先生一怒之下，採取了此間差館對付打架者的辦法——有理無理，一同受罰——把他們兩人一同炒了魷魚。

嚴靈峯身體高大異常，有如山東大漢，一臉橫肉充滿蠻不講理的神氣，外表看來很像一名保鑣或黑社會人物，看不出一點文人氣質來。然而「以貌取人，失之子羽」，這位貌似村夫的嚴先生，卻也滿腹經綸呢。他除共黨理論之外，專研究老莊哲學：自稱擁有各種版本的《老子》百餘種，是全世界第一位「老子收藏家」，有關《老子》的著作，也有數種，所以最初我認為他是一位學者，對他頗為尊重，吳文華君事件發生之後，我對這位「學者」的看法，便打了一個折扣，經過了最後一次談判，看到他那一副狐假虎威、飛揚跋扈的醜態，所有過去對他好的印象，又被他一股腦兒驅逐得乾乾淨淨。我們雖也認識多年，但從未在一起同過事，所以每次相見都是客客氣氣地以禮相待，不料這次會談，他的態度突然大變，那副保鑣和黑社會人物的性格，完全暴露無遺；當他拿出信來，指著「奉董事長面諭」一段唸給我聽時，搖頭擺腦帶著滿臉奸笑，其洋洋自得與狂妄自大的神情，似乎他已變成了太子第二，把我當作了一隻待罪的羔羊，那副「豪奴」的嘴臉，活像《打漁殺家》中的教師爺，我當時心理暗想：假使我有蕭恩那樣身手，當面飽以老拳，說不定他也會和那個丁府的教師爺一樣，馬上跪地求饒的。

還有令我最痛恨的一點，是他硬指我親口說過李葉先生主張我檢舉陳建中，這真是活見鬼，事情發生之後，李葉先生自始至終，都是站在息事寧人的立場，勸我向陳低頭，當時我還大不以他的「以下犯上」論調為然，李夷然君被陳建中免職之前，他還給我一信，勸我事情如不可為，不妨作退一步想，我因為事情並非不可為，相反地正是大有可為，而陳建中卻不讓我為，深怪他不該受陳利用為他作「說客」，又因為不願意使對方摸清我的真實態度，所以索性連信也未回他一封，後來聽說他因此對我很不諒解。事實如此，我怎會說出他主張我檢舉陳建中的話來？但嚴靈峯一口咬定是我親口對他講的，當面扯謊，含血噴人簡直和強盜一般無二，實在是卑鄙無恥到極點！我想除了是他當時聽錯之外，一定是陳建中或楊錦煜對他這樣講過，被他那一頭不清醒的腦子張冠李戴地記在我的帳上了。

當我和李夷然君先後都被陳建中炒了魷魚之後，嚴靈峯有一次，對香港某些文化人說：「我對孫某某和李某某都很清楚，他們都沒有後台，把他們停了又有什麼關係？」

他的意思是說我們的背後，都沒有強有力的人物為我們撐腰，所以可以任意撤換，不必有什麼顧慮，反過來說，假如我們都有強硬的後台，為了避免引起其他問題，可能不致於如此處理。我的看法和這位太子代表恰恰相反：我認為愈是沒有後台的人，愈應該對他有顧慮，因為有後台的人，擔心連累別人，有了內顧之憂，只有乖乖聽命；反之，「一人做事一人當」，橫豎不會連累別人；你們既然立意「逼上梁山」；老子就和你們周旋到底！以學者自命的嚴靈峯先生，竟連這樣淺薄的道理也認識不清，真不曉得他憑什麼資格能當太子旗下的「狗頭軍師」，並居然以「太子代表」的身分來香港指揮特務工作呢！

# 二十五、逆來順受

在和嚴靈峯先生見面的第二天，我接到中二組駐港負責人轉過來該組副主任葉翔之先生一封電報，內容是：「之岳兄請即轉孫家麒兄勛鑒：十一月二十五日函業已奉悉，並已轉呈鄭先生親閱，茲奉鄭先生諭：關於吾兄所控各節，渠決定負責親告蔣先生，並決徹查嚴辦。但吾兄仍須速即返台，以便當面作證。吾兄返台後一切當由鄭先生保障，請勿再遲疑。等因，特電奉告，希即遵照辦理。弟葉翔之叩亥魚。」

這封電報是十二月六號發出的，但因輾轉傳遞之故，竟拖延了一個星期才到我的手裡，我很慶幸嚴靈峯先生適時地替我解了圍，假如不是他昨晚傳達了太子先生炒我魷魚的命令，在接到這封電報之後，真不知道應該怎樣應付才好，因為這件檢舉案，如果按照正常程序處理起來，當然非要原告親自作證不可，否則，其曲在我，他們對於此案，可以置之不理，或加我以「挾嫌誣告」的罪名；所以即令明明曉得是「羊入虎口」，也非硬著頭皮自投羅網不可。感謝上帝！太子先生為了顯示他的威風，不肯再拖延時日，才直接下令處理，解除了我陷身縲絏的厄運。這樣看來，太子先生和他的謀士們在處理問題方面，和老謀深算的鄭介民先生比較起來，差得實在太遠了。於是我便順理成章地覆了葉翔之先生這樣一封信：

翔之先生賜鑒：

亥魚電因輾轉遞送，直至本月十三日始奉悉，原擬遵諭前往作證，惟以十二日晚九時接嚴靈峯先生代轉李副主任指示，予以去職處分；既經如此處理，自無作證必要，故又改變初衷，俟本案告一段落時，再行返台。惟仍一面恪遵上級決定辦理移交，一面保留原告身分及發言權利為黨國利益奮鬥到底！務懇轉請中樞按照正常手續澈底根究，查明真象，依法嚴辦，否則，麒一人蒙寃事小，倘因紀綱廢弛，影響士氣人心，則損失大矣！披瀝陳情，敬請垂察！並懇轉陳為禱

祇頌　崇祺

孫家麒謹上十二月十五日

在覆葉的信發出一星期之後，接到了港澳特派員辦公處的成字第一二〇六號通知，內容是：

現奉周海通先生亥元電示開：「茲經決定孫家麒同志回台北服務，該員職務交由謝修璋同志暫行代理，請分別轉知」等因。二、相應錄電函請查照，希將交替日期報查為荷

郭西成十二月二十日

周海通是海外統一工作指導委員會的代名，謝修璋是我們第三處總幹事石遠良的本名，郭西成是港澳特派員辦公處的代名。這裡所說調我回台北服務，是一句謊話，海統會對我的決定是「撤職」，他們怕出意外，不敢照轉，才繞了這樣一個彎兒。其實他們多此一舉，即令以「撤職」字樣通知我，我也會含笑接受的，因為我以為為檢舉貪污而被貪污集團「撤職」，是一樁非常光榮的事，所以兩個月後，當黃紹祖君告訴我是被「撤職」時，心裡一點也不在乎。直到那時我還有一種愚蠢的想法：太子先生是今日台灣掌握生殺予奪大權的獨一無二人物，假如把他比作《紅樓夢》中的賈寶玉，那麼，那些在朝的袞袞諸公，不管特任的文官也好，上將的武官也好，都不過是些襲人、麝月之流，哪一個不是想盡方法獻媚求寵，希圖博得二爺的歡心？所以他所看到的，盡是一片片逢迎諂媚之色，所聽到的也盡是一陣陣唯唯諾諾之聲，從沒有任何一個人敢於「批龍鱗」、「捋虎鬚」的。現在我居然膽敢對他最得意的新寵提出檢舉，豈不等於「太歲頭上動土」？為了他的「面子」，先給我一個處分，然後再慢慢地把陳調開，也未始不可以容忍。有了這個想法，所以我決定逆來順受，並且處處做到合法的地步，免得自己立足不穩，將來回去成為他們打擊的口實。這個想法，現在看來，是多麼天真得可笑啊！

這時已是十二月底了，但我們本月份的經費還未匯來分文——其實早已匯給石遠良了，他們故意扣留不發——而日常開支和同仁們的生活又不能不管，所以不但把我們的節餘和「救總」的專款完全用光，連我自家裡撥來的一筆錢，也墊了進去。本來在十二月份經費未領到之前，因為無法清理手續，我大可拒絕移交的，但是我為了避免影響工作，情願先行交卸。為了預防陳建中的鬼蜮伎倆，特別請求特派員辦公處派員監交，於是一九五九年一月一日，在特派員辦公處周秘書監交之下，我把第三處的人員、文卷、公物三部分，先行交給代理人石遠良君了。

中國大陸災胞救濟總會有一筆專款港幣一萬五千元，存在我們這裡，這筆專款是最高當局指定作為派遣軍校畢業同學進入大陸蒐集情報用的，因為這裡的軍校同學人事糾紛，久久未能解決，同時在軍校同學中始終也找不到適當人選，既不願以人的生命作兒戲，也不願把有用的錢隨便浪費，所以在我負責這段時間裡，並沒有做過遣派工作。僅僅為了調處軍校同學人事糾紛和其他活動，用去五千餘元。

令人笑掉大牙的是發給李開元和伍揚二人的遣散費二千四百元那筆開支，本來李、伍二人都是我們正式的工作同志，既然不幹了，遣散費毫無疑問地應該由中六組發給，誰也想不到堂堂中央委員兼第六組主任的陳建中先生，竟會愛財愛到這般程度，他不願減少贓款收入，居然厚起臉皮，大慷他人之慨，硬要我們把李、伍二人的遣散費，在「救總」的專款中支付。可憐「救總」費了千辛萬苦向各方捐募來的款子，沒有救了大陸災胞，也沒有救了逃亡港澳的難胞，竟以相當於一百二十個難胞的救濟費（按救總慣例每人二十元計）的數目，救濟了被贓款養得腦滿腸肥的中央大員陳建中，恐怕決非谷正綱先生和方治先生所能料得到的吧？這件事情我不曉得陳建中究竟向太子先生怎樣解釋，難道這還不是侵吞「救總」專款的鐵證嗎？

「救總」的專款，被這樣用去了一半，另一半少數交給了石遠良君。

十二月份經費，在我一再催迫之下，石遠良君終於在我移交後的第三天交給了我，於是我一面清發欠款，一面清查單據，準備趕辦報銷清理手續。不料，這時突然出現了一名「趁火打劫」的小丑。

在第三處管出納的人叫何民強，廣東中山縣人，他的哥哥何民憲也是「軍統」老人，常常來往於台北、香港之間，相當活躍。何民強憑他哥哥的關係，參加了香港組——三處前身——的工作，兩、三任來，都是他一手掌理財政。我來之後，由於經費公開處理，所以出納的工作仍叫他做。最初幾個月非常賣力，後來逐漸懈怠，我因為應付陳建中源源而來的陰謀詭計，時時都在準備離開，所以也不願再結怨於人。當我要他清理單據之時，他總是一再支吾，並且開出許多假帳要我付款。依照我的計算，截至當時止，我交給他的現金，足足可以清發所有開支至十二月底而有餘，為了澈底解決，我便約了石遠良君和會計、出納我們四人共同核算。當時我向他們解釋；這些都是公家的錢，誰多用了一點都沒有關係，但必須給我寫借條，好讓我清理手續，如果那位把錢用了，不向我出手續，想把這筆賬硬栽到我頭上，叫我代人受過，我可不會這樣傻。何民強眼看「圖窮匕見」無可再賴，馬上把臉一變，用手指著我大聲說：「款我用了，決不寫借據，算我何仔最壞好了！……算我欺負你好了！」

那種蠻不講理的樣子，簡直和強盜一般無二。他們兩位也想不到何仔竟會這樣不要面皮，弄得彼此面面相覷。在那種情況之下，我還有什麼辦法？只有把最後兩個月的收支詳情和何仔吞沒公款的事實真象，報告給特派員辦公處，請他設法追還。

在香港這種地方，特派員辦公處當然拿何仔沒辦法，然而信不信由你，因果報應之說，似乎也有它的道理，何仔在昧起天良，吞沒公款五千多元之後，不到三天工夫，他那個唯一的男孩子，便患急驚風而死。同事們都一致嘆息說：「這是可怕的報應！」

俗語說：「偷來的錢發不了財」，何仔當然也不會例外，他拿了這五千多元做資本拍電影，先後拍了兩部粵語片——《終歸有日龍穿鳳》和《烏龍王》上下集——聽說兩部片子共賠了兩萬多元。這樣看來，豈但是「發不了財」，而且分明是「賠了夫人又折兵」了！可嘆！

何仔這一手，雖然他自己也沒有沾到便宜，卻給我惹來不少麻煩：第一，他害得我最後三個月的報銷無法辦理，到現在也不能清理手續。第二，給陳建中一個絕好的「反噬」機會，硬誣我拐款潛逃。第三，他吞沒的款中，有十幾個人的生活費和千多元福利金，弄得大家對我也一樣不滿。憑良心講，何仔這一手最初並非出自陳建中的授意，但事發之後，陳建中之「樂觀厥成」，則是無可否認的事實，否則，為什麼直到現在也不加以追究，而且還依舊讓他在三處繼續工作呢？這不能說不是酬庸他對我「夾擊」之功吧！

# 二十六、放火救火的醜劇

經費部分因為無法清理，不能移交，所以我和新任商定，採取分段負責辦法，自一九五九年一月起，由新任負責，以前的由我負責。

我們的經費，由於開始時經我大刀闊斧地一番整頓，確已做到了弊絕風清的地步，再經我和李夷然君在工作上極力撙節，半年之間已積有六、七千元。所以陳建中雖然時常遲發我們的經費，靠了這筆節餘的週轉，倒也還能應付過去。這次移交，假如是在正常情況之下，一定會一併交給新任的；然而因為：第一，由於何民強這小子的混水摸魚，使我的帳目無法清結，究竟節餘若干，無法算出一個確實數字。第二，我接到的正式命令，既不是「撤職」，也不是「免職」，而是「調回台北服務」，依照過去的慣例，調職的人在未走之前，仍可照樣支薪，例如楊錦煜在第一次調回台灣的時候，接了命令，還在這裡逗留兩個月，不但兩個月的薪水照支，並居然於回台半年之後，又支了一個月的生活費和房租——一千元——還他在此地攪舞女的爛帳；這筆錢他們因為無法報銷，又由前任移交給我。楊錦煜可以這樣做，我在未回台北之前，當然一樣可以援例辦理，何況事實上辦理結束至少也要三、兩個月，因公留在這裡，更可冠冕堂皇地支用了，然而這筆錢是不能希望陳建中發給的，正好用此款開支。第三，這時不管如何，我已決定跳出特務圈子，此地的慣例：凡是遣散的人，至少發給三個月的薪津，我在這個圈子裡已幹了二十多年，自問最後一次花國民黨自國庫盜來的億萬數中一筆二千七百元的遣散費，絕對是百分之百的應該，然而這錢也不能希望陳建中拿出他的贓款的；最好的辦法，仍然是在此款中開支。這樣一算，我的遣散費加上三個月辦理結束的費用，便去了五千四百元，我們的節餘僅有七千多元，再加上前任轉來的楊錦煜的一千元和張金城的透支八百元，大概兩數恰可相抵，如此算來，哪裡還有節餘可交？

一九五九年二月下旬，陳建中突然帶著總幹事黃紹祖祕密到了香港，並且以「我們乘美軍專機來這裡和英國人商討中英美心戰合作問題」的鬼話，故佈疑陣，使我不敢對他有所不利；其實陳建中是奉了「東宮」之命，來香港佈置暗殺工作的，對象除了當然的區區之外，還有李夷然君。大概因為我的檢舉貪污還不致於「罪該萬死」吧？所以冥冥之中鬼使神差地讓他們的行動人員（劊子手）到我們的關係方面，探聽我們的行踪，同時也洩露了他們的任務真象。這樣一來，他們的陰謀，便被我們完全發覺，當李夷然君把此一事實向黃紹祖君提出質問時，黃還痛哭流涕的假惺惺地說：「這是國家安全局的李天山攪的，我們已經通知他們，六組的事由六組自己解決，請他們停止進行了。」同時，他還以調人姿態保證回去之後，一定把原來誣我拐款潛逃通知駐港各單位與我隔離的命令撤銷，事實上這又是一句鬼話，誣我拐款潛逃的命令，到現在還未撤銷，不過當時因為他們的暗殺陰謀，業已暴露，生怕我乘此機會和他們硬幹起來，反而會吃眼前虧，因而念頭一轉，仿效中共慣用的「和談」故智，作為緩兵之計。

三月十八日中午，李夷然君突然來看我，他神色倉皇地告訴我「香港××部正在找我們兩個，我們要馬上躲一躲避避風頭」。當我問起原因時，才曉得是這麼回事：

原來陳建中以「御駕親征」的姿態，偕同大將黃紹祖祕密到港，滿以為可以一戰成功，把我們澈底解決，不料事機不密，走漏風聲，全部計劃成為泡影；回去之後，心有未甘，於是把我和李夷然君以及妻和孩子的照片，一同由郭哲假手許健，透過香港方面的關係人，交到××部，說我拐了六萬港幣潛逃無踪。

「專家」的陰謀，確實厲害，怪不得太子先生對他如此寵幸，他雖然讀書不多，但卻非常了解「匹夫無罪，懷璧其罪」的道理，企圖用這個方法來使我「賈害」；然而他畢竟是聰明一世，懵懂一時，沒有考慮到此一後果嚴重到什麼程度！

我們的照片被許健間接交到××部之後，果然其效神速，他們馬上「按圖索驥」。這情形很快就為石遠良君知道了，由於照片證明了這資料確是來自台北，當然是上級有計劃製造的，袖手旁觀吧？萬一把我們捉了進去，到那時還有什麼客氣？所有駐港單位還會有一個倖免？而第一個倒霉的恐怕便是第三處。石遠良君越想越覺得不妙，於是一面上報告，一面打長途電話請示處理辦法，並且還天真地詢問這事是不是主任的主意。

台北的電話由黃紹祖君出面打來了，除了對他所問的問題，代表陳建中大罵他「糊塗」

之外，並且叫他趕快設法把此一事件消弭於無形，同時要他對於我和李的安全也要盡力保護。

石遠良君得了這個指示，馬上通知李夷然君趕快躲避，並請他轉知我照樣辦理。我聽了笑對他說：「好啊！我以前雖曾說過『陳建中再要迫害我，我會請求政治庇護』，但那僅是氣憤時的一句話而已，事實上不到萬不得已決不忍心那樣做。現在是陳建中自己主動送我們進去了，這可怪不得我們，要躲你躲，我決不放棄這個難得的機會，希望他們為我領領路。」

我之所以肯定這事是陳建中所作者，因為妻和孩子的照片，只有當她們來港辦理出境手續時，六組存有一份，在香港根本沒有那樣的照片，這事的主謀，除了陳建中還有哪個？別人或許要問：「陳建中既然下了那樣的決心，使出『借刀殺人』的毒計，為什麼又那樣通知石君？難道是神經有什麼毛病嗎？」我的答覆是：陳建中的神經是正常的，他之所以一面放火，一面又自己撲救，乃是迫於情勢不得已而為之，因為他的放火行徑，是在暗中進行的，現在被不識時務的石遠良君公開報警了，他如再作壁上觀，一旦各單位的駐港機構，被人一網打盡之後，追本溯源，還會不以「鳴鼓而攻」的姿態，聯合起來找陳建中算帳？到了那時，太子先生鑒於自己的組織，遭受如此重大的損傷，恐怕不管怎樣愛他，也會演一幕《揮淚斬馬謖》的。此中利害陳建中豈有看不出之理？於是，這幕一手放火、一手救火的醜劇，便由這位貪污專家在無可奈何的情勢下，以萬分狼狽的姿態演出了。

這一場戲是陳建中假手許健一手導演的，許健本來是調查局的工作人員，因為和駐港負責人一再搗亂，回台之後，被調查局停用了，於是又向中六組勾搭，靠了郭哲的力保，再加上他自己的自吹自擂，認為和香港某些特殊人物有交情，利用他們的力量，收拾我們易如反掌。在這樣雙方互相利用之下，因而一拍即合，陳建中為了要他賣力，馬上派他為第三處的總幹事，並親自帶著他和黃紹祖一同來港，和暗殺工作雙管齊下同時進行。

當石遠良君弄清楚這些內幕並得到台北的指示之後，認為「解鈴還須繫鈴人」，馬上告訴許健說：「你這一下闖得亂子大了，如果真把孫某人捉了進去，不但我們所有駐港單位一下垮光，連陳主任也非跟著垮台不可，這個責任哪個負得了？現在台北的電話來了，要我們趕快設法挽救，並保護孫、李二人的安全，這亂子既是你闖的，還請你想法子消弭掉。」

許健滿腹牢騷地說：「這事怎麼能怪我？都是郭哲一手搞的！」

許健果然有辦法，很快地便把他自己點起的一場大火又親手撲滅了。

# 二十七、逼上梁山

我雖然因為檢舉陳建中貪污而被國民黨——實際上是蔣經國一個——撤了職，但對國民黨還未完全絕望，對太子先生也還估計得較高，到了經過上次的「暗殺未遂」和這次的「借刀殺人」接連兩次的卑鄙事件之後，我的觀念便完全不同了：以前我還認為所有的一切，只不過是陳建中的個人罪惡，不該遷怒到整個國民黨身上，為了顧及黨的利益，「投鼠忌器」所以始終不忍向陳建中還擊，這恰像韓戰時中共空軍可以為所欲為，而聯軍的飛機卻不准越過鴨綠江一樣，使敵人躲在庇護所中，永遠不受攻擊，而自己卻永遠處於捱打的地位。到了經過最後幾次事件之後，我才恍然大悟迫害我的實在並不限於陳建中一人，從最高權力的代表者——太子先生起，整個國民黨都在與我為敵了，撤職之不足，還要殺以滅口，暗殺不成，又借外人的力量要「得而甘心」；國民黨派在香港的工作人員如：港澳特派員朱瑞元，第四處長何樹祥之流，每次在街上遇到我時，都是把頭扭向一邊，以避之若蛇蝎的敵對態度忽忽躲開。妻在上次回台之後，台北方面到處傳我拐款潛逃，人人認為我犯了彌天大罪，青年反共救國團的楊群奮，竟向人誣指我們夫婦已經回了大陸，中央黨部婦女工作委員會主辦的一本《婦友》月刊，已經選定了妻的一篇長篇小說準備登載，也被「中六組」派人橫加阻止而不敢刊登，經妻交涉之後，他們才又關照解禁。我雖自問未居下流，但竟成了「天下之惡皆歸」的罪惡總滙，這還成什麼世界？以前我那「入地獄」之說，果然不幸而言中了！

另一方面，吞沒對敵鬥爭經費港幣四十多萬元，一貫為了私怨不顧的太子紅人陳建中，經我檢舉之後，不僅未受絲毫處分，反而寵信有加，扶搖直上，試問他們還有沒有半點是非？這些罪惡，已經超出了陳建中的個人範圍，而應該記在整個國民黨的帳上了！況且最後兩著，若非經過太子先生的同意，陳建中決不會親來處理，也決不敢如此肆無忌憚地胡作亂為。所以對我來講，這時的陳建中，已是我的次要對象了。因而我發誓：我的飛機一定要越過鴨綠江，轟炸敵人的要害，再也不管什麼東西對他庇護，和那頭鼠子的背後有什麼貴重的器皿了！

根據陳建中的各種佈置和其他種種跡象，仔細研究，他的目的顯然是逼我走上「回大陸」之路的，因為他加給我的罪名，除了拐款潛逃之外，還有「叛變」一項，為了證實他的讕言，不惜用盡方法逼我走上他為我佈置的一條絕路。他的計劃第一步是「殺以滅口」，這個計劃實現了當然一了百了，從此高枕無憂；暗殺不成，第二步便是「逼上梁山」，利用外人的力量「為淵驅魚」；他的目的並不想把我「捉將官裏」，只是希望幾方面一合圍，使我走頭無路，只有廣九鐵路是「網開一面」的陽關大道，這樣一來，自然而然的我便會於不知不覺中入其「彀中」了。同時，他便可以振振有詞地指證著說：「如何！我不是早就說過這傢伙要叛變投匪嗎？」

陳建中為了使他的謊言成為事實，竟然出此下策，我真懷疑他在蔣、毛二人之間，究竟是對誰效忠呢！

當我被國民黨撤職不久的某一天，喬家才先生約我見面，喬先生是山西人，軍校四期畢業，是「軍統」方面的老幹部，在北方負責多年，勝利之後，因為得罪了毛人鳳局長，被關進監獄十幾年，直到毛局長逝世之後，才被放出，然而他到現在也不曉得究竟是犯了什麼罪，由此可以看出特務機關是如何的無法無天了。他約我的主要目的，是勸我無論如何都不可「回大陸」，他警告我說：「如果你回大陸，共產黨最初一定會對你很好，而大大的利用你一番的，不過，利用之後，就要當心你的腦袋了。」

我對他這個看法，大致同意，不過我不回大陸的原因，卻不是怕殺頭——待在香港還不是一樣的隨時會被國民黨殺掉——相反的，我認為與其死在為它效忠二十多年的國民黨槍下，反而不如死在一貫和它敵對的共產黨刀下還使人心平氣和些；我之所以不回大陸，主要的還是因為他們太不把人當人看待，我把國共兩黨，比作小偷與強盜，我既然決心洗手不幹小偷了，為什麼還要加入強盜集團？何況那又是陳建中為我精心安排的路，我有什麼義務還要成全他的計劃呢？

一九五九年夏天，我曾把我的遭遇源源本本地寫給國家安全局的一位朋友，寫信的動機，不是求援——事實上連鄭介民先生都無能為力，更不論其他了——而是針對著陳建中替我製造的謠言，想讓一班朋友了解事實真象。那封信被副局長陳大慶先生看到了，立刻去函質問中六組是不是要把孫某人「逼上梁山」？陳建中的答覆當然是絕無其事。我認為這一幕簡直是唱雙簧，試問在未拿到確實證據之前，想要一個狡猾無比的罪犯，自動承認他的罪行，天下有這樣的笨賊嗎？如果安全局有意調查此事是不是陳建中的主謀，真是易如反掌，只消通知他們的香港單位設法查出我們的照片，拿去和妻與孩子的出境照片一對，豈不立刻水落石出？陳建中縱有通天本事也決無所遁形。然而國民黨的事情，向來是官官相衛，何況陳又是太子先生的新寵，別人才犯不上為了已被踢出圈外的區區而自討沒趣呢！所以經過彼此一問一答，安全局便裁定了照片的事和陳建中無關。

陳建中在把「佈置暗殺」，「趕回大陸」兩手絕招使出之後，仍然不能動我分毫，似乎已有「黔驢技窮」之慼。當時 NACC 方面已為他安排好了赴美參觀的一切手續，回來之後，又是「中全會」的會期，他意識到這是兩道關口，如果不把我對付好，到時候一定不會風平浪靜的。於是四月四日由副主任李白虹先生出面給石遠良君一封信說：

遠良兄鑒：

今日《大陸雜誌》，業經改組成為一權威性之「匪」情研究刊物，並擬擴大發行範圍。弟於改組後，奉令兼負發行人責任，擬開闢香港、星馬地區之分銷市場，惟無適當之代理人，永平兄如願擔任香港或星馬地區之代理人，弟極表歡迎。目前在籌劃階段，每月可暫有四、五百元港幣，將來業務發展，再詳訂計劃及預算。請代徵求永平兄之意見（或由其夫人出面亦可）。弟之此項擬議，曾獲上級同意。專此奉託，並盼賜覆。

弟 李白虹

當石遠良君拿了這封信，徵求我的意見時，我毫不考慮地斷然加以拒絕，他又問可否請我太太擔任，我表示可以考慮；因為當時我想：雖然明明看出這是一個圈套，付出的是陳建中過兩關的買路錢，但那時我的未來行動計劃，的確還是一片空白，何不將計就計讓妻接受下來，一來可以「以戰養戰」——用對方的錢，培養自己的力量，有利無弊何樂不為？二來故意示以「沒有出息」——五百元港幣便可買得服服貼貼，造成他的輕敵心理。有了上述理由，因而我同意了由妻出面的辦法。石君便把商談的情形答覆了李白虹先生。

不久，陳建中果然帶著大將黃紹祖到美國去了，這時的黃紹祖已成了陳建中不可須臾離的人物，他對黃紹祖的利用和精力搾取也達到了最高峯。原來自我和李慎之君被陳建中玩弄一番之後，黃對副主任一缺早已感到了莫大興趣，於是請出了黃少谷和谷正綱兩位先生向陳「說項」，陳便藉此機會大玩手法，表示副主任一職，將來會給他的，但必須等到赴美歸來之後；於是這位絕頂聰明的黃紹祖，一時鬼迷心竅，竟忘記了自己也是不為太子所喜的「圈外人」，居然飄飄然大做其「未來副主任」的白日夢來，因而一心一意「為王前驅」，也助紂為虐起來。其實陳建中完全是利用他會講幾句英語，應付NACC一班美國人而已，而美國之行更非他不可；所以一路上醇酒美人任其享受。據黃說：陳建中曾於紙醉金迷之後，連他太太因為性冷感而不干涉他拚女友——其實是乾女兒——的醜事，也向黃和盤托出，足見他們的關係已到了無話不說的地步。以這樣的關係，加上黃對他的貢獻，自美回台之後，似乎無論如何都應該實踐他的諾言才是；然而信不信由你，黃紹祖不但副主任的美夢成為泡影，連他原來幹了多年的總幹事一職，也被陳建中炒了魷魚，一年以前已離開中六組，到中央黨部秘書處再度追隨唐縱先生去了。有一次我看到他寫給這一位朋友的信上說：「……幸而未去香港，否則，工作尚未展開，暗箭已自背後射來，那才糟糕呢！……」足見對陳建中的認識，大家是人同此心，心同此理，並不是我個人的偏見啊。

推銷《今日大陸》的問題，是四月上旬徵詢我們的意見的，直到六月下旬，才把妻的聘書寄來，同時還附有規約一份，其中共有四項條文。要點是：

（一）代理人的業務是每月在港澳地區，推銷該刊五十至一百份，撰寫大陸「匪」情及訪問反共義胞通訊稿。

（二）每月送工作費（包括一切）共港幣五百元。

（三）該社按期檢查成果。

（四）試辦期滿後，如重新調整有關業務組織時，規約即行廢止。

為了推銷價值二十元——每本收回成本二角，以最高額一百本計算亦僅此數——的貨物，不惜以每月五百元的代價請一代理人，其為藉詞收買不問可知。最後一條，則是為將來解聘預留地步，換言之，就是這個代理工作，隨時都能以「調整組織」的理由予以「解聘」。他們明明以小人之心度君子之腹，以為金錢萬能，想以每個月五百元的代價，使我俯首就範，真叫我既可氣又可笑，陳建中幾年來加給我的傷害和他本身的罪惡，難道可以用金錢贖回？這等於一個人被兇手打得遍體鱗傷奄奄一息，而那個兇手還貓哭耗子般的為傷者塗些紅藥水表示好感，希望他不要報警一樣。陳建中的鬼域伎倆，我領教的太多了，對於他的一舉一動都洞若觀火，決不會再上第二次當了。

我和我的岳母、女兒已分別整整四年了，當然彼此都非常想念，所以準備利用今年暑假這段時間接她們來港小住，自五月起，我便著手準備，但問題來了，由於陳建中栽誣我攜款潛逃和通匪許多罪名，一般親友都不敢作保，後來費了九牛二虎之力找到保人把申請書送到《今日大陸》（中六組附屬單位）之後，陳建中又拒絕辦理。而警察局則以既是今日大陸社職員的親屬出境，應該由該社代為申請的理由而拒絕代轉。如此像踢足球般的踢來踢去，足足拖了三個月，暑假過去了，但我們連申請書也無處送交，國民黨常常罵中共滅絕人性，試問他們的人性又在那裡？我愛我的親屬，但也更愛真理，且看太子的走狗們怎樣對付那兩個孤苦無依的老婦弱女吧！她們都是虔誠的天主教徒，願聖母賜福給她們！

以上所述，固然是我脫離台灣國民黨的重要原因，然而也只是原因的一部而不是全部，假使不是親眼看到蔣氏父子的竊國篡黨罪行，我還不至於忍心拋棄家屬，冒著隨時被殺害的危險，斷然走上「反蔣」的道路的。關於其中的詳細情形，請參閱《蔣經國竊國內幕》一書，這裡不再多說了。

# 附錄

# 孫家麒脫離台灣國民黨重要聲明

本人自即日起脫離台灣國民黨及其所屬各種組織一切關係，除另出版《我為什麼脫離台灣國民黨》及《蔣經國竊國內幕》二書，說明事實真相並揭發蔣氏父子竊國篡黨無恥醜行外，特此鄭重聲明。

孫家麒啟

中華民國五十年十一月十二日

# 《蔣經國竊國內幕》原書出版聲明

## 蔣經國竊國內幕

孫家麒著

每册港幣二元

本書爲「我爲什麼脫離台灣國民黨」之姊妹作，亦爲作者國民黨內幕叢書之一。書中作者對蔣經國怎樣竊奪軍權；怎樣掌握特工；怎樣操縱黨務；怎樣控制青年；怎樣挾天子令諸侯；怎樣用人以及怎樣構陷雷震箝制輿論等；均有極詳盡之敘述與極精闢之分析，確爲研究國民黨問題權威之作，凡屬關心國事之愛國人士，尤不可不讀本書。

近據九龍亞皆老街九十八號同德書報社本書代理人李書銘君函告：「十一月二十號夜九點幾鐘，有七八人至我處，握（搶）去蔣經國之書（按即蔣經國竊國內幕）一百卅幾本，並惡言恐嚇我，不知是何原因」等語，竊以香港乃大英屬地，而此輩惡徒竟敢公然搶切，視治安當局如無物，實屬不法已極！業經報告本港當局依法查究以保權益。由此亦可看出某方對於本書之恐懼畏忌程度，更可證明本書之眞正價值爲何如也。

自力出版社謹啓

血歷史219　PC1049

新銳文創
INDEPENDENT & UNIQUE

# 前國民黨特務的控訴
## ——《蔣經國竊國內幕》、《我為什麼脫離台灣國民黨》

作　　者　孫家麒
責任編輯　楊岱晴
圖文排版　黃莉珊
封面設計　王嵩賀

出版策劃　新銳文創
發 行 人　宋政坤
法律顧問　毛國樑　律師
製作發行　秀威資訊科技股份有限公司
114 台北市內湖區瑞光路76巷65號1樓
電話：+886-2-2796-3638　傳真：+886-2-2796-1377
服務信箱：service@showwe.com.tw
http://www.showwe.com.tw
郵政劃撥　19563868　戶名：秀威資訊科技股份有限公司
展售門市　國家書店【松江門市】
104 台北市中山區松江路209號1樓
電話：+886-2-2518-0207　傳真：+886-2-2518-0778
網路訂購　秀威網路書店：https://store.showwe.tw
國家網路書店：https://www.govbooks.com.tw

出版日期　2022年7月　BOD一版
定　　價　380元



**Printed in Taiwan**

讀者回函卡

國家圖書館出版品預行編目

前國民黨特務的控訴——《蔣經國竊國內幕》、《我為什麼脫離台灣國民黨》/ 孫家麒著. -- 一版. -- 臺北市 : 新銳文創, 2022.07
面； 公分. -- (血歷史 ; 219)
BOD版
ISBN 978-626-7128-15-2(平裝)
1.CST: 中國國民黨

005.2　　111006873